海上丝绸之路大冒险

HAISHANGSICHOUZHILUDAMAOXIAN

第四部
阿拉伯海底的睡公主

王军 等著

哈尔滨工业大学出版社
HARBIN INSTITUTE OF TECHNOLOGY PRESS

内容简介

在阿拉伯深海底，一座透明密封的水晶棺里静静地躺着一位美丽的公主，面容安详，好像睡着了一样。公主几百年前被新王后继母暗害后，她的父王把她装入水晶棺中沉入大海，认为这样女儿的灵魂就可重生。

海洋里有个叫快快的海马，他深爱着睡公主，并精心守护着水晶棺。他想也许有办法可以让睡公主复活，可还没有想出方法，一群蛮横的刺鲅鱼就霸占了水晶棺。刚告别在阿拉伯海巡航、打击索马里海盗的中国军舰，奇奇和翔龙又偶遇了海马快快，一番误会后成了好朋友，他俩决定帮助快快。他们听从了儒艮先生的推荐，找到鲸鲨先生帮忙，赶走了强盗刺鲅鱼们。他们又按照玳瑁爷爷的指点，前往红海，寻找一种传说中的可以让逝者复活的大珍珠。那么最终他们找到神奇的大珍珠了吗？美丽的睡公主有没有复活呢？看完本部故事你就有答案了。

图书在版编目(CIP)数据

阿拉伯海底的睡公主 / 王军等著. -- 哈尔滨：哈尔滨工业大学出版社，2017.3
（海上丝绸之路大冒险）
ISBN 978-7-5603-6021-8

Ⅰ.①阿… Ⅱ.①王… Ⅲ.①儿童文学－中篇小说－中国－当代 Ⅳ.①1287.45

中国版本图书馆CIP数据核字(2016)第102683号

策划编辑 闻 竹
责任编辑 何波玲
插 图 蒲 怡
出版发行 哈尔滨工业大学出版社
社 址 哈尔滨市南岗区复华四道街10号 邮编 150006
传 真 0451-86414749
网 址 http://hitpress.hit.edu.cn
印 刷 哈尔滨经典印业有限公司
开 本 787mm×1092mm 1/16 印张 10.75 字数 87千字
版 次 2017年3月第1版 2017年3月第1次印刷
书 号 ISBN 978-7-5603-6021-8
定 价 29.80元

（如有印装质量问题影响阅读，我社负责调换）

《海上丝绸之路大冒险》编委会

主　任：王　军

委　员：**孟昭荣**　　　　　　　　**鲁海娇**
　　　　(哈尔滨幼儿师范高等专科学校)　(北京市昌平第二实验小学校)

　　　　陈　泽　　　　　　　　**何　萍**
　　　　(哈尔滨市第五十八中学校)　(河北省廊坊市香河县第一中学校)

　　　　叶春晓　　　　　　　　**丁　健**
　　　　(哈尔滨市第三十二中学校)　(深圳市南山中英文学校)

　　　　郑　也　　　　　　　　**陈淑华**
　　　　(辽宁省葫芦岛市实验中学校)　(哈尔滨市第一二二中学校)

目录

一、热心的导游/1
本节知识小贴士　　　世界油库波斯湾/12
奇奇海洋知识千千问　长吻鱼为什么被称为接吻鱼？/12

二、迎风飘扬的五星红旗/14
本节知识小贴士　　　古代海港忽鲁谟斯/25
奇奇海洋知识千千问　狮子鱼身上的棘刺有什么作用？/26

三、路遇冒失鬼/28
本节知识小贴士　　　中国军舰亚丁湾护航/39
奇奇海洋知识千千问　儒艮和传说中的美人鱼有什么关系？/40

四、新朋友的秘密/42
本节知识小贴士　　　霍尔木兹海峡/53
奇奇海洋知识千千问　海上丝绸之路和郑和下西洋是什么关系？/53

五、水晶棺里的睡公主/55
本节知识小贴士　　　中东的范围/66
奇奇海洋知识千千问　海马抚育幼崽的是爸爸还是妈妈？/66

六、圆点鲀的故事/68
本节知识小贴士　　　中东的国家/82
奇奇海洋知识千千问　郑和的船队和到访的国家进行了哪些贸易？/83

七、这是我的私人财产/85
本节知识小贴士　　中东问题/95
奇奇海洋知识千千问　刺鲅是种什么鱼？/95

八、孙子兵法真管用/97
本节知识小贴士　　远东地区/109
奇奇海洋知识千千问　鲸鲨是海洋里最大的鱼吗？/109

九、如何让睡公主复活/112
本节知识小贴士　　阿拉伯国家/124
奇奇海洋知识千千问　海洋里的鲸是不是鱼类？/124

十、正义的玳瑁爷爷/127
本节知识小贴士　　瓜达尔港/138
奇奇海洋知识千千问　世界上有多少种海龟？/139

十一、红海探险/141
本节知识小贴士　　盐度最高的海——红海/152
奇奇海洋知识千千问　红海炮弹鱼为什么叫毕加索扳机鱼？/152

十二、让我永远陪伴你/154
本节知识小贴士　　亚丁湾/165
奇奇海洋知识千千问　有趣的庆新年灯谜/165

一、热心的导游

帮助点点完成了报答救命恩人的心愿，奇奇和翔龙都非常开心。告别依依不舍的好朋友点点，他们继续沿着大英雄郑和下西洋的航行路线旅行。

"奇奇、翔龙，下次路过的时候记得一定要来看我呀。"游出老远，点点还停在原地大声地叮嘱他们俩。"放心吧，有机会我们一定会来看你的。"翔龙和奇奇异口同声道。

按照郑和下西洋航海路线图的指示，下一站他们将游览阿拉伯半岛沿岸，在前往遥远的非洲东海岸之前，郑和庞大的船队曾经在那里停留过，和当地的老百姓友好交往，公平贸易。当地的人们最喜欢的就是郑和船队带来的美丽的丝绸织品了，不管花多少黄金，他们都想拥有一件这种来自神奇东方国度的美丽织品。在印度的古里和阿拉伯半岛之间，相隔的汪洋大海叫阿拉伯海，是印度洋的一部分，奇奇和翔龙需要穿过阿拉伯海才能到达下一站的目的地。

游着游着，奇奇有些担心地问道："翔龙，我们不会迷路吧？"

海上丝绸之路大冒险

因为阿拉伯海实在太辽阔了,几乎可以说是他和翔龙到目前为止,穿越的最广阔的一片水域了。

"嗯——让我好好想想。"虽然他俩都是天生的辨识方向的专家,翔龙也不能说没有一点担心,毕竟这里人生路不熟的,万一迷路了可真麻烦。

"要是在老家南海,我才不担心呢。"奇奇看着周围陌生的环境,小声嘀咕着。

翔龙一听就明白了,奇奇这是想念家乡的朋友们了。是啊,在南海有红鱼、螳螂虾小胖这些热心的朋友,根本就不用考虑会迷路这样的问题。

很快聪明的翔龙就想出了应对的办法,"奇奇,我们沿着海岸线前进吧,这样就不用担心会迷路了。"翔龙拿着地图,一边仔细观看一边说道。

在郑和下西洋的路线图上,一条蜿蜒的曲线沿着印度大陆向前延伸,翔龙得到了启发,也许他们最崇拜的大英雄郑和当年也是采用这样的办法,成功穿越阿拉伯海呢。

"这办法行吗?"奇奇还有些担心。

"行,没问题,奇奇,相信我没错。"翔龙先小心地收起地图,接着拍着胸脯打起包票。

翔龙的自信也给了奇奇信心,他们调整了一下前进的方向,朝北方游去,准备沿着海岸线走。虽然这样比直线距离穿越阿拉伯海路远了许多，不过也是值得的，毕竟安全第一嘛。

这样游了两天，前方路途漫漫，依然没有出现地图上标示的一处海湾，名字叫波斯湾。在波斯湾的北岸，有一座城市，名字叫忽鲁谟斯（今天伊朗的霍尔木兹），郑和的船队曾经三次到过那里，它也是翔龙和奇奇阿拉伯半岛之旅的第一站。

这次连翔龙心里也没底，他一边游着，一边和奇奇商议。

"奇奇，我们还是找个当地的海洋居民问问路吧，免得走错了。"

"好啊。"奇奇当然同意了，他早就觉得心里有些发虚了。

阿拉伯海的海洋居民倒是挺多，翔龙和奇奇没有等多久，就来了一位过路的，只见他体型扁扁的，身体的颜色是艳丽的明黄色，整个看起来像一片在海水中自由游动的金黄落叶。最特别的是他的嘴巴，非常细长，呈一根管状朝前伸着，口部只是长管子顶端的一个小圆开口而已。

"他长得可真特别，这要是吃起东西来多麻烦呀。"奇奇有些同情这位半路遇到的陌生朋友，他悄悄和身边的翔龙说道。

"我们向他问路吧。"翔龙也不认识这位路过的海洋居民,他看对方挺和善的,决定就向他打听一下。

奇奇同意,他俩快速游上前,叫住了长嘴巴鱼。

"朋友,请留步,我们能向你打听一下路吗?"翔龙很有礼貌地问道。

"行呀,你们想问什么呀?"长嘴巴鱼也很客气。

"我们想到波斯湾去,你能给我们指下路吗?我们怕走错了。"翔龙说道。

"嗯——让我来看看。"长嘴巴鱼扭头朝四下打量了一会儿,然后指着翔龙他们前进的方向道,"你们走得没错,继续朝前走就可以了。"

听说没有走错,两位好朋友都很高兴,翔龙还想问得详细点,他继续问道:"那么从这儿离波斯湾还有多远呢?"

这个问题好像把长嘴巴鱼问住了,他转着眼睛想了半天,也没有计算明白,只好无奈地朝着翔龙摇头,"朋友,这个我可不知道,也许很快就到了,也许要好几天呢。"他老实地说道。

虽然没有打听清楚余下路程的远近,不过弄明白了方向没有错,这让翔龙和奇奇也很开心。

翔龙感谢了长嘴巴鱼正要继续赶路,奇奇好像还有问题,他有些迟疑地问道:"朋友,请问你的名字叫什么呀?"这是奇奇的老习惯了,他见长嘴巴鱼长得很特别,游览了这么多地方都没有见过,要是不问清对方的名字,接下来的好几天心里只怕都很别扭呢。

"嘻嘻,因为我的嘴巴特别长,大家都叫我长吻鱼呢。"长嘴巴鱼一看脾气就很好,他笑嘻嘻地和奇奇说道。

长吻鱼!

奇奇觉得这个名字真是很适合眼前的这位朋友,

长吻鱼

他也真心地感谢了对方,转身和翔龙继续朝前游去。

又游了一天多,只见沿途海岸上的景色都和在印度古里见到的差不多,近处的沙滩上稀稀拉拉地长着一些高大的椰子树,远处则是一片土黄色,很少见到绿色的植物,这和家乡沿海满眼绿色的景色可是大相径庭。

"这儿可真荒凉。"这是奇奇对沿岸风景的第一印象。

"这里有许多沙漠和干旱的地区,所以才这样。"翔龙给奇奇解释,他在电视上看到过对中东地区的介绍,这儿的气候主要属于热带沙漠气候,常年干旱少雨,有的地方甚至一年都不会下一场雨呢。

听翔龙说得这么可怕,奇奇吓得一缩脑袋,他不由又探头打量了一下陆地上那一眼望不到头的土黄色风景,心想,要是让他一直生活在这里,那可真是世上最可怕的惩罚呢。

就这样又朝前走了一段距离,前方忽然出现了一道狭窄的海峡,在前面领路的翔龙停下来观察了一下,很开心地叫道:"哈——我想我们到地方了。"

"真的吗?"奇奇有些不敢相信地看了看四周,这一路的长途跋涉可是够辛苦的。

"我想应该没错。"翔龙又把宝贝地图拿出来对照了一下,在地图上明确标示了,在通过一道狭窄的人字形海峡后,就进入波斯湾了。

为了稳妥起见,他俩最终还是决定找个当地的居民问问路,免得白高兴一场。

翔龙伸着长脖子四下张望,就在他脖子快要支持不住的时候,前方清澈的海水里忽然出现了一个与众不同的身影。

"哈哈哈——"翔龙忽然开心地大笑起来。

"翔龙,你在笑什么呀?"奇奇没有看见奇特的来客,他被翔龙忽然爆发的大笑搞得莫名其妙。

"哈哈哈——真是太好笑了,简直笑死我了,哈哈哈——"翔龙瞬间好像被开启了"笑不停"模式。

"翔龙,到底在笑什么嘛,真讨厌。"见翔龙还在一个劲儿捂着嘴偷乐,眼泪都快要笑出来了,奇奇噘着嘴,有些生气了。

"奇奇,你快看那里嘛,哈哈哈——"见奇奇真的要生气了,翔龙拼命忍住笑,随手给奇奇指了一下自己的新发现,又接着哈哈地笑了起来。

顺着翔龙指示的方向看去,"嘻嘻嘻——"奇奇也忽然开心地笑了起来。

到底发生了什么好笑的事情让翔龙和奇奇这么开心呢?原来啊,是游过来的一个海洋居民,他的打扮实

在是太怪异和搞笑了。

本来这位海洋居民的长相就很奇怪，只见他全身布满了条状的花纹，五彩斑斓的。在他的背部和身体两侧，还长有长短不一的几十根鳍刺，看起来像唱大戏的武生背上插的彩旗——原来是一条天生具有华丽服饰的狮子鱼。

如果只是长相奇怪也就罢了，这位海洋居民似乎还很爱打扮自己，让自己显得更加的标新立异、与众不同，只见他头上披着一大片又薄又宽的海草叶片，上面还放着一个起固定作用的红塑料圈，防止海草叶片随海浪漂走，看起来很滑稽，是翔龙和奇奇出生以来从来没有见过的怪异打扮。

"嘻嘻，翔龙，他为什么要打扮成这样啊？"奇奇觉得这位越游越近的海洋居民本来就够美的，干吗还要把自己打扮得好像神经不正常一样。

"哈哈，这个我可不知道。"

可能翔龙的笑声太大了，已经快要游到他俩身边的狮子鱼似乎听见了，只见他白了翔龙一眼道："笑什么笑，有什么好笑的。"

见对方误会了，翔龙赶紧道歉，奇奇也帮着解释。

狮子鱼看起来很大度，他很快就接受了翔龙和奇奇的道歉,并且对他俩不住地上下打量,似乎对他俩很感兴趣。

"你们是新来的吧?"狮子鱼很友好地问道。

"是的,我们想向你问个路。"翔龙赶紧说道。

"行啊,你们想去哪儿?"狮子鱼说话很干脆。

翔龙拿出地图,他想再看一下,因为这一站的地名读起来可实在有些拗口。

翔龙看地图的时候,狮子鱼也好奇地凑了过来,显然他没有见过地图,对翔龙手里的地图片很感兴趣。

"你看的这是什么?"他一摇满身彩旗似的鳍刺问道。

"是地图。"翔龙顺口答道。

"地图是什么?"狮子鱼还是没搞清地图的含义,继续追问。

见狮子鱼对自己的地图这么感兴趣,翔龙耐心地给他解释,"看,这是一张几百年前大英雄郑和下西洋的航海路线图,我们就是按照他的船队的航线进行旅行呢,瞧,这些弯弯曲曲的彩线就是他们航海的线路。"他指着地图介绍道。

"你们可真厉害。"狮子鱼很佩服地说道。

这样的表扬翔龙和奇奇已经听到许多次了,他俩

一起不好意思地憨笑起来。

"请问前面是波斯湾吗？"翔龙想起自己的正事，赶紧问道。

"是的。"狮子鱼回答得很肯定。

"那么你能告诉我们去忽……忽鲁谟斯怎么走吗？"翔龙费了一番劲儿才把拗口的地名念出来。

狮子鱼听了愣了好一会儿，似乎是被翔龙的怪地名难住了，他想了一会儿，眼睛一亮，反应过来了，"你们一定是想去霍尔木兹海峡吧，这个地方我知道。"他用询问的眼神看着翔龙。

狮子鱼

忽鲁谟斯是古地名，早就不使用了，不过它确实就在霍尔木兹海峡附近。

翔龙又低头仔细看了一下地图，果然在霍尔木兹海峡的旁边，他高兴地直点头道："对对对，我们就去这里，你能带我们去吗？"

结果狮子鱼的回答让他俩很惊喜："当然没问题。"他顿了一下又接着道，"要不我给你们当导游吧，我可是这里土生土长的有名的活地图呢。"狮子鱼说到这个很有些自豪。

"太好了，你可真热心。"奇奇高兴地叫了起来，他看了一眼满脸惊喜的翔龙，这可太让人意外了。

"嘿嘿，这有什么呀，毕竟我是这儿的主人嘛。"面对奇奇和翔龙的感激，狮子鱼反倒有些不好意思起来。

没想到刚到阿拉伯半岛就遇到这么热心的主人，翔龙和奇奇的心情一下子都好起来。

世界油库波斯湾

波斯湾位于阿拉伯半岛和伊朗高原之间,长970多千米,宽56~338千米,面积24万平方千米,平均水深40米,是一片广阔的内海。在海湾及其周围100平方千米范围内,是一条巨大的石油带,这里蕴藏着占世界石油总储量一半以上的石油,仅沙特一国的石油储量就占世界总储量的1/4。

长吻鱼为什么被称为接吻鱼?

长吻鱼是一类广泛分布在太平洋、印度洋及大西洋世界三大洋的热带和亚热带海域的一种小型鱼类。长吻鱼体型非常侧扁,看起来很像一片游动的树叶。它们的吻部非常细长,突出呈管状,嘴巴在管状吻的顶端，这也是它们名字的来历。长吻鱼主要栖息在近海大陆架的海底沙地附近，以浮游动物及底栖无脊椎动物为食。

从习性方面来说，长吻鱼和其他鱼类并没有什么不同，但它们对水中的青苔有特别的嗜好，这是因为青苔对长吻鱼的生长、发育起着很好的促进作用。因此，当长吻鱼吃饱之后，便在水中寻找青苔。不过，长吻鱼找到青苔后，并不是马上吃下去，而是衔在嘴边细嚼慢咽，好像是在精心品味。

这时如果有另一条长吻鱼游来，看到对方嘴上有青苔，由于想分食一点，就会上前吮吸同伴嘴上的青苔，看起来就像接吻一样，这也是它们又被称为接吻鱼的原因了。

二、迎风飘扬的五星红旗

在狮子鱼的带领下,奇奇和翔龙向着霍尔木兹海峡游去,穿过海峡,他们就可以进入波斯湾了,而要拜访的港口城市——忽鲁谟斯就在海峡入口不远的一个向内凹陷的海湾处。

一起游了一会儿,大家就熟悉起来,奇奇一直都饶有兴趣地打量着狮子鱼奇怪的装束,他终于忍不住问道:"嘿嘿,你为什么要打扮得这么奇怪呀?"

在奇奇的眼里,狮子鱼实际上是天生的美男子,他不仅生下来身上就有美丽的花纹,那几十根彩旗一般的鳍刺也让他看起来格外的威风,实在没必要再在头顶上披着一张宽叶水草,用一个颜色难看的塑料圈扣着,让人感觉怪模怪样的。

翔龙怕奇奇的问题会让新朋友不高兴,可是狮子鱼的回答让他们很意外。

"嘻嘻,这可是我们这儿阿拉伯男人最流行的装束呢,作为一条土生土长的阿拉伯海狮子鱼,我的穿戴当然也要讲究一点儿啦。"狮子鱼可不觉得自己的模样怪,他反而很满意自己别出心裁的打扮。

阿拉伯海底的睡公主

听说这是当地居民最流行的打扮，向来对什么都好奇的奇奇来了兴致，他央求狮子鱼把自己打扮一下，看起来像一个当地的居民。

翔龙不甘落后地跟着凑热闹，他要狮子鱼把自己也打扮成一个当地的土著，狮子鱼笑着都答应了。

要打扮就得有材料，狮子鱼先带他俩到了一片长势茂盛的海草区，扯断两根宽叶海带分别披在他俩的脑袋上。然后狮子鱼又带着他们寻找起固定作用的头箍，因为一时没有找到合适的塑料圈，很有创意的狮子鱼就捡拾了两个被丢弃在海底的罐头瓶盖子，扣在奇奇和翔龙的脑袋上，看起来也很像那么回事儿。

"嗯——看起来可真不错。"狮子鱼绕着他俩转了几个圈，很满意自己的杰作。

"翔龙，你觉得我好看吗？"奇奇头顶着海带和罐头瓶盖，期待地问好朋友。

"不错，像个阿拉伯人。"翔龙肯定道。实际上翔龙在电视上的新闻里见过阿拉伯地区人的打扮，只是他没有把这个和一条生活在海里的狮子鱼联系起来而已。

"你觉得我怎么样？"翔龙也左右扭着脖子，问奇奇的意见。

"嗯，很好看。"看着翔龙新的打扮，奇奇不由想起他和龙虾先生斗舞比美时跳的热情奔放的草裙舞。

海上丝绸之路大冒险

"哈哈——这下你们俩也成了阿拉伯海的居民了。"狮子鱼很满意自己的两部作品。

他们仨就这样有说有笑地继续朝霍尔木兹海峡前进,不知不觉中,奇奇已经把狮子鱼当成了可信赖的好朋友,离他越来越近。

"当心,不要被我的鳍刺扎到呢。"狮子鱼好心地及时提醒道。

"为什么呀?"没有和狮子鱼打过交道的奇奇还不知道他鳍刺的厉害。

"我的鳍刺里面有剧毒,要是被它们刺到,轻则会疼痛难忍,严重的话会丧命的。"狮子鱼解释道。

奇奇一听，吓了一大跳，他赶紧离狮子鱼远远的，生怕他的鳍刺扎到自己。奇奇没想到，这些看起来漂亮又威风的鳍刺，竟然有这么厉害的毒性。

"哈哈——不用害怕，"看奇奇一下子躲得远远的，狮子鱼有些得意地笑道，"我这些尖刺都是用来对付敌人的，平时都收着，你们是远方来的朋友，不会扎到你们的。"

虽然狮子鱼这么说，不过奇奇还是有些不放心，他再靠近狮子鱼的时候就很小心，生怕一不注意扎到自己就麻烦了。

越朝前游，海面上来往航行的万吨巨轮就越多，它们不断发出响亮的刺耳汽笛声，这让奇奇和翔龙想起通过马六甲海峡时的情景。

"这里的轮船可真多呀。"奇奇抬头看着海面上不时驶过的大轮船，感叹道。

"是的，波斯湾沿岸的许多国家都是重要的石油出口国，把这些石油运出去最经济有效的运输方式就是大油轮，所以霍尔木兹海峡几乎是世界上最繁忙的海峡了。"久居此地的狮子鱼对这里的情况很了解，他一边领着奇奇和翔龙观赏风景，一边给他俩解说，真是一个称职的导游。

"看——前方就是霍尔木兹海峡了，穿过它，就进

入了波斯湾,你们就可以看见你们想去的地方了。"领路的狮子鱼忽然停步看着前面说道。

奇奇和翔龙一起看向前方,只见一道狭窄幽深的水道豁然出现在眼前,左侧的陆地不断向前延伸,形成一个尖尖的海岬,而对面的大陆一直向里凹陷进去。如果从地图上看,这种形状更加明显,似乎对面的陆地害怕被尖尖的海岬刺到了会疼痛一般,让整个霍尔木兹海峡的形状像一个书写的"人"字。

"哈——这里就是大英雄郑和曾经到过的地方啊。"翔龙兴奋地四下打量,在他的眼前,600多年前

郑和率领的那支庞大的船队，似乎正在队列整齐、威风凛凛地穿越霍尔木兹海峡呢。

"要是我们也能和大英雄郑和的船队一起旅行就好了。"奇奇似乎也能感受到当年郑和船队驶过海峡的盛况，他有些遗憾地说道。

"你们说的这位大英雄郑和可真了不起。"虽然狮子鱼并不知道翔龙和奇奇嘴里的郑和到底做了些什么，不过见他俩一脸崇拜的表情，就知道这位郑和一定是一位了不起的大英雄。

感慨了一番，狮子鱼继续领着他俩朝前游，转过了海峡的尖角，就正式进入了波斯湾，离郑和当年在波斯湾里停靠的海港城市忽鲁谟斯城不远了。

"哈——不知道在这里会不会遇到和古里一样的奇遇呢。"翔龙对新目的地充满了有趣的幻想。

听翔龙这么说，奇奇也开始期待，虽然遇到一些奇怪的事情会给他俩增加许多不可预知的危险和麻烦，但也增添了许多乐趣，更重要的是认识了新的朋友。

"翔龙，你的尾巴已经好了吗？"奇奇故意和翔龙开玩笑。

翔龙听奇奇忽然问这个，他愣了一下，立即就明白了奇奇的意思，他有些尴尬地说道："嘿嘿，早就好了。"

狮子鱼不知道他俩在说什么,好奇地问翔龙道:"你的尾巴怎么了?"

翔龙和奇奇对视了一眼,忽然一起大笑着向前快速游去。

忽鲁谟斯城在今天霍尔木兹岛的北部,等他俩兴冲冲赶到目的地,不由得一起傻了眼,只见面前陆地上的城市一片荒凉,似乎已经废弃很久了。

"翔龙,这真的是忽鲁谟斯吗?"奇奇还以为翔龙看错地图找错地方了。

"你没有记错吧?"反复查看地图确认自己没有搞错的翔龙又问领路的狮子鱼,以为是他带错了地方。

"没错,就是这地方,我听老人们说,很久以前这里是一座非常繁华的海港,只是已经废弃很久了。"狮子鱼不愧是活地图,非常了解当地的情况。

狮子鱼说得没错,在郑和下西洋的年代,忽鲁谟斯城还是一座繁华的海港,随着历史的变迁,它早已完成了历史的使命,被对岸不远的阿巴斯港取代了。

"真扫兴。"奇奇探头看着成了一片废墟的忽鲁谟斯城说道。

虽然跟着大英雄郑和的脚步游览他曾经到过的地方,就让翔龙和奇奇很高兴了,但是他们还是希望每次看见的城市,都能是一片繁荣兴旺的情景,而不是眼前这样一片荒凉的景致。

"翔龙,我们还是走吧,前面还有更美丽的地方呢。"看着有些失落的翔龙,善解人意的奇奇安慰道。

"对,前面的旅程还有更多的精彩,让我们快出发吧。"翔龙的情绪像夏天的雷阵雨,来得急去得也快,他立刻又振作起来。

"朋友,你们还想去哪里旅行啊?"导游狮子鱼关心地问道。

"嗯,让我看看。"翔龙拿出地图,仔细看了一下,"我们打算沿着阿拉伯半岛,到亚丁湾和红海去,在那儿大英雄郑和的船队曾经到访过阿丹、天方等城市呢。"

"哦,那我就不能陪你们了,我对那儿也不熟悉。"狮子鱼平时活动的范围也就在波斯湾和霍尔木兹海峡入口处的阿曼湾附近,他有些遗憾地说道。

"没关系,非常感谢你带着我和奇奇游览这儿。"翔龙真诚地道谢。

热心的狮子鱼一直把他俩送出了霍尔木兹海峡,"再见了,朋友们,祝你们前面的旅途一路顺风。"他祝福道。

"谢谢,再见了,朋友。"

翔龙和奇奇一起挥手告别。

现在他俩沿着阿拉伯半岛的海岸线向前行进,阿拉伯半岛的形状像一只放在地上的靴子,翔龙和奇奇就在靴子底游动。

"这儿的天气可比咱们老家的天气热多了。"奇奇在海面上一边游一边和身边的翔龙闲聊。

阿拉伯半岛沿岸的海风又干燥又热,吹到身上干巴巴的,让人觉得很不舒服,一点儿不像长江入海口和南海的海风,吹在身上清凉又温润,感觉很舒适。

"嘻嘻,前面我们要是游览非洲沿岸海港的话,你会觉得更热。"翔龙有些坏笑着说道。

"非洲呀,那里真的很热吗?大英雄郑和也去过吗?"奇奇对非洲一点儿概念都没有,他觉得大英雄郑和可真了不起,连那么远这么热的地方都去过。

"那当然,大英雄郑和不仅去过非洲,还到访过非洲沿岸的许多国家呢。"翔龙看过地图,那上面在非洲的东海岸密密麻麻地标注了许多路线,都是郑和的船队曾经到访过的当时的城市。

顿了一下,翔龙又接着说道:"不过非洲可真的很热,那里的人们都晒得黑黑的,衣服穿得非常少,一年到头地上的小草多数时间都是枯黄的,树木也长得稀疏低矮,可不像我们老家满眼都是鲜花绿草,树木也高大挺拔。"翔龙在电视上看过介绍非洲的纪录片,他对那一片土黄色的原始大陆印象深刻。

说这些话的时候,翔龙的眼前不由得又浮现出他出生的长江入海口,那座花团锦簇的海龟繁育基地,他在基地里四处溜达的时候,在宽敞平整的路边花坛里面各种鲜花盛开,远远地都可以闻到随风飘散的浓郁花香。基地里绿树成荫,即使在炎热的夏天,阴凉的树荫也随处可见,树荫下那凉爽的清风更是让翔龙记忆犹新。很多次饲养员带着他在树荫下散步,两人走走停停,像一对认识很久的老朋友,感情可亲密了。

见翔龙把非洲说得这么神奇,奇奇又开始憧憬起来,早把在波斯湾游览时的无聊抛到脑后了。

在他俩聊天的时候,前方的海面上忽然传来一声很洪亮高亢的汽笛声,"呜——呜——"

翔龙以为是一艘普通的过路油轮,他抬头随便看了一眼,立刻惊喜地叫了起来:"奇奇,快看,五星红旗。"只见在前方几百米宽阔的海面上,一艘身姿雄伟的军舰正在航行,浪花翻涌中,只见在军舰旗杆的最高处,一面鲜艳的五星红旗迎着烈烈的海风迎风招展。

在翔龙饲养员的桌子上,也插着一面这样红艳艳

的旗子,饲养员告诉他,这是五星红旗,看见这样的旗子,就代表着来自中国,所以翔龙知道,只要挂着五星红旗的船只,都是从故乡来的。

"哈——真的呢。"奇奇也兴奋地叫道。在老家长江的航道里,奇奇也无数次从过往的船只上看到过这样迎风飘扬的红旗,这还是他和翔龙离开故乡的海域后,第一次在异乡的大海上看见来自祖国的五星红旗呢,一下子觉得可亲切了。

"奇奇，我们快过去看看。"翔龙激动地说道。

"好的。"奇奇应声答道。

紧接着，只见两个欢乐的身影在清澈的海水中快速游动，像两个在海浪五线谱上不断跃动的音符，向着前方威猛的军舰追去。

古代海港忽鲁谟斯

忽鲁谟斯，即今天的霍尔木兹，在伊朗东南米纳布附近。忽鲁谟斯城位临霍尔木兹海峡，废址在霍尔木兹岛北岸，在郑和的船队下西洋访问阿拉伯海的时候，为古代交通贸易要冲，今天已被对岸的阿巴斯港所取代。

狮子鱼身上的棘刺有什么作用？

狮子鱼是一种非常美丽的海洋生物，它们体色华丽，在布满身体多处的鳍条和棘刺上装饰着多彩的条纹，这让它们看上去就如同京剧里演员穿的戏装——头戴雕翎、身背彩旗，一副威风凛凛的样子。

狮子鱼也称蓑鲉，是鲉形目狮子鱼科约115种海生鱼类的统称。它们广泛分布在世界各处海域，印度洋、太平洋等处都有它们美丽的身影出没。狮子鱼体型比较小，最大的也只有约30厘米。

狮子鱼最显著的特征，就是它们像扇子一样张开的棘刺，虽然看起来很美，但是这种海洋中的小鱼十分危险，不仅对它的猎物是如此，对人类来说也是一样。因为它们的棘刺具有毒腺，人被刺后产生剧痛，严重者呼吸困难，甚至晕厥，而小鱼被刺中后，会被毒晕，甚至死亡。

狮子鱼平时栖息在海底的岩礁或者珊瑚丛中，它们美丽的彩衣与海底色彩缤纷的珊瑚、海葵等生物相映成趣。当它缓慢移动在珊瑚丛中的时候，小鱼很难发现，当狮子鱼锁定目标后，就会猛地收紧四面张开的棘刺,然后朝猎物冲去,一口就可以把小鱼咬中,成为它的美食。如果失去珊瑚等掩体的保护,它们也很容易成为更大鱼的猎物。这个时候狮子鱼就会使出浑身的本领,一会儿张开具有剧毒的棘刺,使自己看起来特别大,一会儿又收缩,和大鱼全力周旋。它们身上鲜艳的颜色会警告对手,我有毒,想吃我可要小心。如果不幸被大鱼吞掉也不要紧,这时狮子鱼会全力张开有毒的棘刺,让自己不被吞进肚子里,同时它们的棘刺也会刺伤对方,让捕食者中毒而死。

三、路遇冒失鬼

军舰航行的速度可不慢，奇奇游动的速度要比翔龙快，他回头催促道："翔龙，快点儿。"奇奇担心要是军舰开走了，他和翔龙与家乡军舰难得的亲近机会就失之交臂了。

"好嘞。"实际根本用不着奇奇催促，翔龙自己心里也很着急，想早点赶上军舰。

经过一番急行军，他俩终于赶上了军舰的步伐，游行在雄伟的军舰旁边，翔龙和奇奇开心极了，他俩游动在水面上，奇奇更是利用自己矫健的身手，不断跃出水面，像海鸟一样飞翔在飞溅的浪花上，让身体沉重跳不起来的翔龙非常羡慕。

"奇奇，你跳得可真高呀，我要是也能跳这么高就好了。"翔龙在海面上一边快速前进，一边不时抬头看着不断在浪花中飞跃的奇奇说道。

"嘻嘻，翔龙，只要你有信心，你也可以的。"奇奇一边在空中展示矫健的身姿，一边对翔龙说道。

"真的吗奇奇，我也能行？"翔龙很不自信。

"翔龙，只要你努力，一定可以的，我相信你。"奇奇大声地鼓励翔龙。

在奇奇的鼓励下，翔龙跃跃欲试，也想尝试一下跃出海面。

"翔龙，先加快速度游动，然后用尾巴猛地拍击水流，就可以跃出水面了。"奇奇根据自己的经验，想给翔龙一些帮助。

说完他才想起，翔龙可没有自己这样的大尾巴，他的小尾巴比小猪的尾巴还短小，而且几乎都隐藏在龟甲之下，不仔细观察还不见得能看见呢。

"翔龙，那就使劲用你的两条后肢蹬水面，这样也可以。"奇奇根据好朋友的实际情况改口道。

在奇奇的指导下，翔龙划动四肢加速前进，感觉速度差不多了，他按照奇奇说的，猛地用一对强有力的后肢蹬踏水面，然后脖子向前伸直，使出全身的力气向空中跃去。

"翔龙，加油啊——"奇奇在旁边使劲给他加油助威。

在翔龙拼尽全力的一跳中，他感觉身体轻飘飘的，终于脱离了水面，虽然只是短短的一瞬间，而且还只是大半个身体，紧接着就重重跌入海水中，溅起一团大大的水花，但翔龙依然非常激动。

"哈哈——奇奇，我也可以跳出水面了。"他开心地叫道。

"嘿嘿，翔龙，我看见啦，我就知道你能行。"虽然翔龙这次还不能算是完全跳出水面，不过只要他继续努力，奇奇相信他总有一天可以做到。

当他俩在军舰边开心嬉戏的时候，军舰上一位从船舷边走过的士兵正好看见了翔龙跌入水中的瞬间，以及溅起的巨大的浪花。

"你们快来看呀，海里有只小海龟正在水面上跳跃呢。"他惊讶地叫道。

飞鱼和海豚跳出水面是很常见的事情，一只海龟也在水面上跳跃，这可极其罕见，所以很快船舷边就聚集了许多他的同伴，都是黑头发黑眼睛，健康的古铜色皮肤，年轻英俊的面庞在阿拉伯海热辣的阳光照耀下，散发着无穷的青春活力和气息。

"会不会是有鲨鱼在后面追赶呀？"一个高个子大眼睛的士兵猜测道。

"没看见鲨鱼呀。"大家一起朝海面上观望了一会，海面上很平静，一个矮个子士兵接话道。

看见这些年轻的士兵，翔龙就想起了自己最喜欢的饲养员，他也和军舰上的这些年轻人一样，充满着朝气。见这么多人在看他，生下来就和人很亲近的翔龙有点儿人来疯,他不仅不躲离身躯庞大的军舰远点儿,反而靠了上去。

"翔龙,当心。"和人类没有打过什么交道的奇奇好心地提醒道。

"奇奇,没事的,你快过来吧。"翔龙回头招呼奇奇,一副打包票不会有事的表情。

见翔龙很自信,一向很信赖好朋友的奇奇也放心大胆地游了过去。

见小海龟主动向军舰靠近,船舷边的士兵们都很开心,他们朝着大海指指点点,欢声笑语随着海风飘荡。

"呀——小海龟后边还跟着一条鱼呢,不会是鲨鱼吧?"那个高个子士兵忽然惊讶地说道。

他的话让同伴们都紧张起来,在阿拉伯海,凶残的鲨鱼很多,如果小海龟让鲨鱼盯上了,多半凶多吉少。

大家盯着水面仔细观察了一会儿,矮个子士兵摇头道:"不是鲨鱼,鲨鱼可不长这个样子。"顿了一下他又好像自言自语道,"奇怪,怎么觉得这条鱼的模样这么熟悉呢,好像在哪里见过。"

听了这话,他的同伴们一起起哄,说他肯定是想家了,矮个子士兵笑了笑并没有反驳。

捂着脑门想了一会儿，他忽然恍然大悟道："呀——我就说我见过，这不是我家乡的中华鲟吗？"矮个子士兵的老家在长江边上，看见中华鲟是很寻常的事，虽然奇奇还没有成年，但模样和妈妈的差别也不大。

听矮个子士兵这么说，大家一起又盯着奇奇打量，很快他们就确定了奇奇的身份。

"呀——真的是一条中华鲟呢。"高个子士兵看了看面前辽阔的阿拉伯海，一脸困惑地说道，"他怎么会出现在这么遥远的海域呢？"

可能忽然间接到了紧急的命令，在连续鸣响几声嘹亮的汽笛后，军舰加快速度向着亚丁湾的方向开走了，年轻的士兵们也带着他们的疑问消失在茫茫的大海之上。

"奇奇，军舰开走了。"看着军舰消失的方向，翔龙有些怅然若失。

"没事，说不定还能遇到呢。"奇奇倒是挺乐观。

"对，你说得没错，还可能遇到呢。"翔龙又开心起来。

说到这儿，大家可能都明白了祖国的军舰出现在阿拉伯海的原因了，在亚丁湾，有许多海盗，中国的军舰是在这里护航的，保护过路的商船安全。要知道亚丁湾的海盗都是一些真正的海盗，他们心狠手辣行为猖獗，可不是翔龙和奇奇在马六甲海峡遇到的海蛇帮那些滥竽充数的家伙。

"奇奇，我们游快点儿。"翔龙他们下一站的目的地也是亚丁湾方向，他想早点儿赶到，说不定还可以和家乡的亲人们再次相逢呢。

"好的。"对故乡的军舰同样依依不舍的奇奇干脆地答道。

两个好朋友快速朝着军舰消失的方向游去，现在他俩的位置大约在阿拉伯半岛靴子底一半的位置。

因为一心想赶上驶离的军舰，快速前进的翔龙就没有怎么注意看路，反正还有奇奇在身边呢。

翔龙一边游，一边回忆着刚才和军舰共同在大海里前进的情景，他正想得高兴的时候，眼角的余光忽然瞥见一个黑乎乎的身影迎面向他撞了过来，速度也是非常之快。

"哎哟——"没有心理准备的翔龙被这忽然发生的意外吓了一大跳，他惊叫了一声，拼命地把脑袋朝一边偏，想躲过快速移动的身影。

可是一切都迟了，只听一阵"妈呀——""哎哟——"的惊叫声，翔龙和那个身影重重地撞到了一起。

奇奇看见了这一幕，他赶紧游到翔龙的身边，关心地问道："翔龙，你没事吧？"

"没事没事,就是脑袋有点儿晕,一会儿就好了。"翔龙怕奇奇担心,故意说得轻描淡写的。

翔龙被撞到了脑门上,他正揉着脑袋满眼冒金星呢,只听对面的那个身影不满地大声抱怨道:"真讨厌,走路也不看路,撞到了人也不知道道歉,现在海洋居民的素质真是越来越差了。"

翔龙一听就火了,明明是对方撞到了他,结果现在反倒说他没有礼貌。虽然他是没有怎么看路,可是对方不也没有看路吗?

"你说谁没有礼貌啊?"翔龙这会眼睛还花着呢,根本就没有看清对方是谁,他怒气冲冲地质问道。

"谁撞到我我就说谁。"没想到对方脾气挺不好,不甘示弱地回嘴道。

翔龙气坏了,他满眼冒金星地就和对方吵了起来,"是你撞了我。"他嚷道。

"谁让你不躲的。"

"我为什么要躲,这路又不是你家的。"

"路这么宽,你为什么非要挡在我走的路上。"

"我走哪儿你管不着。"翔龙气得差点吼了起来,这时他眼前乱舞的金星终于消失了,可以看清东西了,只见一只身强体壮的海马小伙子正站在他面前,瞪着大眼睛气冲冲地看着他,和他吵架呢。

阿拉伯海底的睡公主

刚才海马被撞到的是肚子,他们雄性海马的肚子上有一层厚厚的皮囊,是孵化小海马的育儿袋,所以他倒是没什么事。

"刚才是你撞的我,你应该向我道歉。"翔龙想和对方讲理。

见翔龙横眉立目的,显然真的生气了,海马似乎有些心虚,他耷拉着眼皮没敢和翔龙快要冒火的眼睛对视,嘴里小声嘀咕着:"又没什么事,道什么歉呀,你怎么这么矫情。"

翔龙的鼻子都快要气歪了，对面这个家伙真是太可气了，总之怎么都是自己的错，他撞了人反倒很光荣似的。

"你道不道歉？"翔龙摩拳擦掌，那表情对方要是再不道歉，他就要上前动手了，奇奇赶紧拦住了他。

"咦——那是什么呀，好大的个头呀。"海马没有理会满脸愤怒的翔龙，他忽然一脸惊奇地看着翔龙和奇奇的身后，好像发现了什么奇怪的东西。

翔龙很聪明，他认为对方在使诈，想骗自己回头，然后乘机溜走，所以眼睛眨也不眨地瞪着对方。不过好奇心重的奇奇忍不住回了一下头，立即就惊讶地叫了起来："呀——真的呢，长得好奇怪呀。"

见奇奇也这么说，翔龙绷不住了，他扭头朝身后望，只见四五十米外，一个体型庞大的家伙正慢腾腾地朝他们的方向游过来，一边游还一边不时潜到水底，把海底的泥沙用嘴巴拱起，清澈的海水瞬间变得浑浊不堪，似乎在寻找什么吃的东西。

这位体型肥胖的海洋居民翔龙并不认识，他看了一会儿，想起和海马还没有吵完的架，一回头，结果发现海马不知什么时候已经偷偷溜走了。

"这个家伙真狡猾，我就知道他想骗我。"说完翔龙就觉得好像也不全对，因为确实是来了一位个头很大的奇怪海洋居民,海马并没有骗他。

"不要让我再遇见你,否则有你好看。"无可奈何的翔龙只好面对着空荡荡的海水发狠道。

"翔龙,我们过去看看吧。"奇奇对新来的客人起了浓厚的兴趣,早把翔龙和海马吵架的事抛到了脑后,本来嘛,翔龙又没有受伤,何必不依不饶呢。

翔龙也觉得忽然出现的来客很有意思,他跟在奇奇身后向着巨大的身影游去。

游到近前,才看见对方的长相,只见他脑袋小肚子大,整个身体像个纺锤,在后面还长着一个扁扁的大尾巴。奇怪客人的嘴巴特别厚,眼睛也很小,再加上慢腾腾的动作,让他看起来很憨厚。

"您好,我是中华鲟奇奇,这位是我的好朋友小海龟翔龙,请问您是谁呀?"见对方没有什么危险,奇奇直接过去打招呼道。

"嗯——你们好,我是一只儒艮,你们可以叫我儒艮先生。"对方说话也慢,声音低沉而富有磁性,听起来特别悦耳。

原来是一只很少见的儒艮,他们和大家喜欢的另外一种海洋动物海牛是亲戚,因为他们的长相和庞大壮实的身躯很像陆地上的牛。

"儒艮先生,您在干什么呀?"奇奇对儒艮在海底

的行为很好奇。

"我在吃东西呀,海底有我喜欢吃的水草。"儒艮不紧不慢地说道。

和军舰分别后,翔龙和奇奇一直在近海岸的水域游动,奇奇看向海底,确实在海底沙地的表面长有一层茂盛的水草,儒艮取食过的地方有一条明显的啃食痕迹。

儒艮先生的脾气很好,他好像也吃饱了,悠闲地朝前游去,和奇奇与翔龙结伴而行。

"儒艮先生,您见过军舰吗?"翔龙和儒艮先生一边游,一边闲聊。

阿拉伯海底的睡公主

"见过，一个个头非常大的家伙，比我见过的鲸鲨的个头还大。"儒艮先生慢悠悠地说道。

鲸鲨是海洋中最大的鱼类了，通常他们的体长可以达到20米，不过这和一艘长度为一两百米的军舰比起来，显然是小巫见大巫了。

和儒艮先生的聊天非常愉快，不过他游得真是太慢了，翔龙和奇奇不得不和他告别。

告别了好脾气的儒艮先生，奇奇和翔龙继续沿着海岸线朝亚丁湾方向游去，在转过一块高大的礁石的时候，不走运的翔龙竟然又和一个走路不看路的家伙撞到了一起。

"哎哟——谁呀？"翔龙叫道，等他看清撞他的又是刚才溜走的那只海马的时候，翔龙不由得气乐了——这个家伙真是一个冒失鬼呀。

中国军舰亚丁湾护航

中国海军护航编队从2008年底开始在亚丁湾索

马里海盗频发海域护航。这项军事行动是中国根据联合国有关决议,参照有关国家的做法,并得到索马里政府的同意后进行的。此行动的主要内容是:保护航行于该海域中国船舶人员安全及世界粮食计划署等世界组织运送人道主义物资船舶安全。

儒艮和传说中的美人鱼有什么关系?

儒艮是属海牛目儒艮科的一种特别可爱的海洋哺乳动物,它们的身体呈纺锤形,最大体长3.3米,成体平均长约2.7米。儒艮的皮肤较光滑,有稀疏的短毛,头部较小,略呈圆形。上唇略呈马蹄形,嘴吻弯向腹面,其前端扁平,称为吻盘。通过吻盘的侧缘和后缘可以抓住植物送入口中。两个阀门状鼻孔靠近在一起,位于吻端背面,可以在潜水时露出水面呼吸。潜入水中时,鼻孔被活瓣关闭。

儒艮和它们的亲戚海牛在外观上很相近,不同点在于尾部的形状:海牛的尾部扁平略呈圆形,外观类似大型单片的船桨；而儒艮的尾部则是中央分岔的，与鲸相类似。

儒艮是生活在海洋中的哺乳动物，雌性儒艮在哺乳期常有怀抱幼崽在海面上哺乳的习性，这给看见的人一种错觉，以为看见一位海中的女人在给孩子哺乳。而且儒艮每隔半个小时左右就要露出水面换气，其形态远观也很像人类。同属的另外一种动物海牛，因为外形和儒艮相似，也经常被古人误认为是海中的美人鱼。

儒艮为海生草食性兽类，其栖息地与水温、海流以及作为主要食品的海草分布有密切关系，一般多在距海岸20米左右的海草丛中出没，有时随潮水进入河口，取食后又随退潮回到海中，很少游向外海。现在儒艮的数量已经非常稀少，主要不连续分布于印度洋、太平洋的热带及亚热带沿岸和岛屿等水域。

四、新朋友的秘密

"哈——这下可让我抓住了吧,看你还往哪儿跑?"气愤的翔龙一下子揪住了海马的长脖子,满脸激动的表情,这次无论如何都要说个明白。

"哎哟——快……快放手,我……我喘不过气来了。"海马扯着脖子求饶道。

"翔龙,快松开,别把他掐死了。"心地善良的奇奇看海马的长脸都憋红了,赶紧上来劝阻。

"那你还偷偷溜不溜了?"吃过亏的翔龙还是不依不饶,明显不相信海马。

"不……不溜了。"海马的长脸都快要变紫了。

见对方做了保证,翔龙才松手,不过他还保持着警惕,悄悄地给奇奇使了个眼色,奇奇会意,绕到了海马的身后,这样他就和翔龙一前一后堵住了海马的退路,对方再想溜掉就没有那么容易了。

"你走路干吗都不看着路呀?"翔龙还是有些生气地质问海马。

"是……是我的错。"海马连着喘了好几口气,脸色才渐渐恢复正常,他见前后都被夹击了,不得不服软。

"那到底谁没有礼貌啊？"受了委屈的翔龙可不想就这么算了，太便宜这个莽撞的家伙了。

"是我，我没有礼貌，不该撞了人还强词夺理。"海马低着头，不敢看翔龙，看样子好像真的认识到自己的错误了。

"翔龙，既然海马先生都认错了，你就原谅他吧。"奇奇见海马认错的态度很诚恳，想做个和事佬，大家化干戈为玉帛。

翔龙也不想太咄咄逼人，他很大度地说道："好吧，看在你诚心道歉的份上，我就原谅你了，不过以后走路可要看着点儿，不要再这么毛毛躁躁的了。"

"是，我以后一定注意，不再这么莽撞了。"海马低着头，像个挨老师训的小学生。

"好啦好啦，你们两次撞到一起，很有缘分哦。"奇奇想让压抑的气氛轻松一点儿，给海马一个台阶下。

"哈哈，还真是啊。"翔龙和海马对视了一眼，不由得同时笑了起来——这么大的海洋，撞到一次都难，更不要说两次了，看来真是很有缘分呢。

"你叫什么呀？"奇奇友好地问道。

"我是海马快快。"对方客气地回答。

"为什么叫快快呀，是因为你跑得很快吗？"从来

不记仇的翔龙已经把之前的不愉快抛到了脑后,他见对方的名字很奇怪,好奇地问道。

"是的。"海马快快简单地给他俩解释了一下,原来他小时候就比一般的海马游得快,长大后更是在海马家族的运动会中已经连续三年蝉联了赛跑冠军。

"没想到你这么厉害呀。"奇奇佩服地说道。

"要不是你天生跑得快,我想咱俩还撞不到一起呢。"翔龙终于找到了和海马快快两次相撞的理由,要是他也和一般的海马一样游得很慢,估计就可以

避免了。

"嘿嘿,真的耶。"奇奇接话道,三个人互相看了一眼,又一起笑了起来,融洽的气氛和刚才的剑拔弩张已经完全不同了。

俗话说不打不相识,在奇奇的调解下,海马快快向翔龙道了歉,翔龙也大度地原谅了他,大家就算是朋友了。

"朋友,你这是要去哪里呀?"翔龙好心地问道,他觉得快快之所以走得这么急,除了天生游得快,多半还有急事,要不干吗这么慌慌张张的啊。

如果朋友遇到了困难,他和奇奇一定会帮忙的,他俩一路上可都是这么做的。

"去那里。"快快指了一个方向,正好是翔龙和奇奇要去的亚丁湾方向。

"哈——这么巧呀,我们也正好要去这个方向呢,我们一道吧。"翔龙热情地说道。

"对呀对呀,人多还热闹点儿。"奇奇很开心,在新的地方又遇到了新的可以同行的朋友。

"这个……哦,我记错了,我是要去那里。"明显快快不想和他俩一起走,他又指了另外一个方向。

"真的?"翔龙瞪大了眼睛看着他,显然起了疑心。

"嗯——让我再想想,对对对,是我搞错了,还是应该这边。"海马快快被翔龙犀利的眼神看得心慌,他装模作样地朝四周打量了一下,最后还是选定了开始的方向。

"哼——我就知道你没把我们当作朋友。"翔龙看破了快快的小心思,不满地用鼻子哼了一声。

"冤枉啊,哪有啊。"海马快快虽然嘴里辩解,脑袋却心虚地垂了下去,眼神躲闪不敢看翔龙。

"好啦好啦,大家都是朋友,不要伤了和气。"善良的奇奇再次当起了和事佬。

不得已,别扭的三人小团队出发了,一路上,快快都好像心里有事,不时向四下张望,和他说话也经常答非所问。

翔龙悄悄地给身边的奇奇递了个眼色,然后放慢了速度,奇奇不明白翔龙想说什么,也放慢了速度,让快快一个人在前面游。可是海马快快完全没有注意到,他还是像之前一样,不断地东张西望,不知心里在打什么主意。

"奇奇,你有没有觉得这个家伙很可疑啊?"翔龙小声地和身边的奇奇说道。

"是有点儿。"奇奇也觉得这位新朋友的行为有点儿奇怪。

既然已经起了疑心,翔龙仔细回想了一下遇到海马

阿拉伯海底的睡公主

快快后他的一言一行,忽然觉得这家伙的心眼可真多。例如儒艮先生出现这件事,他和儒艮先生都住在这里,不可能不知道对方是谁,可依然装出一副惊讶的模样,显然就是想引开自己和奇奇的注意力,然后他好趁机溜走。

想明白了这些,现在翔龙觉得海马快快不仅心眼多,还喜欢说谎,是个大骗子。

"这家伙多半干了什么坏事。"翔龙看了一眼在前边游的快快的背影,低声地和奇奇说道。

"真的吗,我们不会误会了他吧?"奇奇不愿把刚认识的新朋友想得这么坏,可是他也觉得海马快快有

些鬼头鬼脑的,好像有事有意瞒着他俩。

"相信我的直觉,这里面一定有问题。"翔龙顿了一下很坚定地说道,"我一定要搞清楚。"

见翔龙这么肯定,奇奇也对新朋友来了兴趣,他悄悄地和翔龙点了点头。

"哎哟——哎哟——"

他俩说悄悄话的时候,独自一个人在前边游的海马快快忽然叫了起来,听声音似乎很痛苦。

"你怎么了?"奇奇和翔龙吃了一惊,赶紧跟了上去,以为快快遇到了什么危险。

"哎哟——我忽然肚子疼,我要方便一下。"快快一脸痛苦,似乎很难受。

"那你就在这里方便吧。"奇奇扭头朝周围观望了一圈,见四下无人,贴心地说道。

"不不不,这多不好意思啊,而且太脏了,我还是去远点儿的地方吧。"虽然难受得腰都弯了起来,可是快快还是坚持去远处找一个隐蔽的地方。

翔龙朝四周打量了一下,见十几米外正好有一块大礁石,位置很僻静,"那就那里吧,没有人。"他说道。

"好嘞,那就那儿吧,哎哟——哎哟——"快快偷偷地瞄了一眼大石头,似乎很合他的意,虽然好像肚子疼得很厉害,他还是坚持朝大礁石游去。

"快快,我来扶一下你吧。"见快快疼得腰都快弯成了大虾米,好心的奇奇跟了过去,想帮助一下他。

"不不不,我不用人帮忙。"快快使劲摇头,似乎很不愿意奇奇跟着。

"怎么了,我们是朋友呀?"奇奇一脸不解,诧异地看着快快,觉得他的反应很奇怪。

快快也觉得自己的态度有些不正常,他赶紧一脸痛苦地解释道:"哎哟——方便的时候太臭了,而且……而且有人在身边我有些难为情。"说到最后他还有些扭捏起来。

奇奇想想也是,别人方便的时候自己在一边确实挺不好意思的,"那你需要的时候叫我一声啊。"他热心地嘱咐道。

"嗯——我知道了,谢谢你,哎哟——哎哟——"快快一边痛苦地呻吟着,一边快速朝大礁石游去,一转眼就消失在大礁石后边不见了。

"翔龙,我们在这里等一会儿他吧。"奇奇游回来和翔龙说道。

"好吧。"虽然翔龙对海马快快忽然叫肚子疼有些怀疑,不过也不能因为自己怀疑就不让人家上厕所呀,万一是真的呢。

结果这一等就好一会儿,快快始终没有从大礁石后边出来,而且大礁石后边一点儿声音都没有。

"快快,你好了吗?"翔龙等得有些不耐烦,大声地问道。

大礁石后边一片静默,似乎根本就没有人。

"奇奇,他是去了大礁石那儿了吗?"翔龙有些不确定地问奇奇。

"是啊,我亲眼看见。"奇奇很肯定地回答道。

"奇奇,我们过去看看吧。"翔龙觉得有些不对劲,低声地和奇奇商议。

奇奇有些犹豫,"这不好吧,别人正在方便呢。"他

想起了刚才快快的拒绝。

又等了一会儿,翔龙实在忍不住了,他眼珠转了转,忽然反应了过来,"不好,奇奇,我们一定是上当了。"说着,他快速朝大礁石后边游去。

奇奇忽然也觉得这事情很可疑,他紧跟在翔龙后边,游了过去。

翔龙游到大礁石后边,定睛一看,空荡荡的,而且地面上很干净,根本就不像有人在这里方便过的样子。他又扭头朝周围看,只见正对着礁石的远处,一个蹑手蹑脚的身影正在游动,背影都有些模糊起来。翔龙仔细一看,正是快快,显然他又想故技重施,趁着他俩没有发觉,一个人偷偷溜走。

"快快,你要去哪儿?"又一次被欺骗,翔龙气坏了,他几乎是吼着叫了一声。

"啊——"正在偷偷开溜的快快,被翔龙出其不意的一声大吼吓了一大跳,差点儿撞到了面前的一块礁石上。

这个时候奇奇也跟了过来,正好看见快快想溜走的身影,心里十分不痛快。

"快快,你是不是又想偷偷溜走?"翔龙和奇奇以最快的速度游了过去,翔龙不客气地揭穿道。

"啊——没有啊,我只是方便完了想走走舒缓一下筋骨呢。"海马快快一脸尴尬,他一边说还一边扭头摆尾的,证明他正在锻炼放松呢。

"你撒谎,我看过,你根本就没有肚子疼,也不是想方便,你就是想溜走。"翔龙的话像炮弹,接连向快快轰炸。

"快快,你干吗要骗我们呀?我们可是把你当朋友呢。"奇奇一脸真诚地看着快快,纯真的眼神里充满了疑问和不解。

"我没有骗你们,我真的忽然想方便一下。"虽然嘴上在狡辩,但是快快心虚地低着头,不敢看奇奇。

"那你发誓没有骗我们。"翔龙不依不饶。

"谁骗人谁明天遇到大鲨鱼。"这是海洋居民们常用的发誓词,就像我们人类说谁骗人谁是小狗一样,虽然是发誓,但是快快的声音小得好像蚊子哼。

"好啦,既然快快都发誓了,我们就相信他吧。"看着快快的可怜样,奇奇又心软了,"你肚子好了吗?"他关心地问道。

"已经好了,我们继续上路吧。"快快感激地看了奇奇一眼,带头朝前方游去。

"奇奇,我断定,这家伙一定有什么大秘密瞒着我们。"看着前面海马快快的身影,翔龙非常肯定地和奇奇耳语道。

霍尔木兹海峡

霍尔木兹海峡是连接波斯湾和印度洋的海峡，亦是唯一一条进入波斯湾的水道。海峡的北岸是伊朗，有阿巴斯港，海峡的南岸是阿曼。霍尔木兹海峡自古以来就是东西方国家间文化、经济、贸易的枢纽，作为当今全球最为繁忙的水道之一，具有十分重要的经济和战略地位，是海湾地区石油输往世界各地的唯一海上通道，被誉为西方的"海上生命线""世界油阀"。

海上丝绸之路和郑和下西洋是什么关系？

我们已经知道，郑和下西洋是从1405年开始，一直到1433年在回国的途中，病逝在印度的古里，才结束了这段世界历史上最早最伟大的航海壮举。在这短短的28年间，郑和率领着当时世界上最庞大的船队，分别在1405年、1407年、1409年、1413年、1417年、1421年和1430年7次扬帆远航，最远到达非洲的东海岸，与所到国家的人民进行公平友好的往来和贸易，用中国特产的手工业产品交换各国的土特产品，中国出口的丝绸和瓷器等很早就在亚非各国享有盛誉。

而海上丝绸之路的历史则要久远得多，最早可追溯至汉代，目前已知有关中外海路交流的最早历史记录来自《汉书·地理志》，里面就记载了当时中国与南海诸国交往接触的情形。

在唐、宋、元的繁盛期，中国境内海上丝绸之路主要由泉州、广州、宁波三个主港和其他支线港组成，其中泉州为联合国教科文组织唯一认定的海上丝绸之路起点。

到了明朝的时候，由于倭寇猖獗等原因，私商性质的海路贸易渐渐衰落，为了加强与世界各国人民的交往，传播中华文明的灿烂文化，郑和的船队接过了海上丝绸之路的大旗。

五、水晶棺里的睡公主

"那怎么办呢,他不愿意让我们知道,我们也没办法呀。"奇奇心里痒痒的,可是又很无奈,如果谁有大秘密而不告诉他,晚上连觉他都睡不好的。

"嗯——你瞧我的吧,我有办法对付这个鬼心眼多的小子。"翔龙皱着眉头想了一会儿,心里有了主意。

翔龙的主意是什么呢?就是最简单又最有效的跟踪。现在翔龙可有些后悔了,刚才要是没有惊动海马快快就好了,自己和奇奇偷偷地跟在他后面,多半这会儿都知道他到底有什么不可告人的秘密瞒着他俩了。

接下来,大家都装作没事儿一样,翔龙和奇奇也不提刚才的事,海马快快也不像之前那样一边游一边东张西望的,一副心神不宁的样子。

不知不觉中,又一个夜晚来临,快快提议大家先休息,明天再继续赶路。说这话的时候,快快的两只眼珠滴溜溜地乱转,一看就是心里又在打什么主意。

翔龙和奇奇全当没看见,他俩同意了,于是三个人在路边找了一个有水草的地方,准备作为晚上的宿营地。

"哎哟,奇奇,你累不累呀,我这一天可累坏了,我得先睡觉了。"找了一个比较舒适的水草窝,翔龙伸了一个大大的懒腰,故意大声地说着,然后冲着奇奇挤眼睛。

他们之前已经商议好了,奇奇自然明白,他也故意大声地说道:"我当然也累了,我们早点儿休息吧。"说着,他在翔龙旁边找了一个沙窝,也舒舒服服地躺了进去。

快快显然不想和他俩太靠近,他远远地找了一个地方——几片水草的中间,然后用卷曲自如的尾巴勾住一根水草的茎秆,开始休息起来。

"快快,还是到我们这边吧,这样不仅安全,如果睡不着大家还可以聊聊天呢。"翔龙故意说道,说完他就捂着嘴冲着奇奇偷笑。

"不了,我也很累了,一会儿就睡着了。"

果然快快拒绝了邀请,不过这也在翔龙的意料之中。

不一会儿,快快那边就传来了响亮的呼噜声,"呼呼呼……呼呼呼……"

听着快快响亮的呼噜声,翔龙和旁边的奇奇递了一个暗号,很快他俩响亮而又均匀的呼噜声也此起彼伏地响起。

阿拉伯海底的睡公主

翔龙和奇奇的呼噜声响了一会儿,快快的呼噜声忽然停止了,过了一会儿,见翔龙和奇奇的呼噜声还没有中断,快快那边的呼噜声又断断续续地响了几声,似乎在探查这边的情况。

翔龙和奇奇心里明白,他俩心里暗笑,继续把呼噜打得又响又亮,似乎故意要让远处的快快听清楚。

正像翔龙预料的那样,明亮的月光下,只见一个黑色的身影忽然从快快休息的那几片水草中悄无声息地游出来,狡猾的快快一边游还一边打着呼噜,想继续伪装在睡觉。

游了一段距离,见翔龙和奇奇还没有反应,快快忽然加快了速度,向远处一大片茂盛的水草区游去。

"奇奇,快跟上。"见快快已经行动了,翔龙不再装睡觉,他叫上奇奇,两个好朋友一起朝着远处那个黑影追了过去。

天空的圆月又大又亮,银白的光辉透过清澈的海水,一直照射到近海边的海底,这给翔龙和奇奇的跟踪行动提供了极大的便利。

"奇奇,跟紧点儿,别让他溜了。"翔龙一边快速追赶,一边小声提醒奇奇——快快这小子比一条泥鳅都滑,稍不留神,很可能就溜了个无影无踪,自己和奇奇的计划就要落空了。

"放心吧,他跑不了。"奇奇倒是很有信心。

虽然海马快快,在同伴里游速最快,可是与奇奇和翔龙比起来,他还是差得多,不过翔龙和奇奇也不敢靠得太近,免得被对方发现了。

本来他俩见快快一头扎进了水草区,还以为秘密就在水草区里,可是只见快快径直地穿过水草区,又朝来的方向游去。

"他不是说和我们同路吗,干吗又游回去了啊?"奇奇不解地问道。

"他肯定又是撒谎骗我们的呗。"翔龙说这个的时候气得牙根痒痒的,快快这小子真是撒谎成性啊,就是一个不折不扣的大骗子。

开始快快一边游,还不时回头张望,看翔龙和奇奇是否发现了,这让翔龙和奇奇格外的小心谨慎。

游了一段距离,见什么异常都没有,这小子似乎放松了警惕,加快速度一门心思地朝前游去。

穿过两片海草茂盛的水草区,又游过一片怪石林立的礁石区,眼看就要到达他们最开始遇见快快的地方了,这个家伙还没有停下的意思。

"翔龙,他到底想去哪里呀?"奇奇有些沉不住气了。

"不知道,快盯紧了。"翔龙可没空想这些,反正他这次无论如何都要搞清楚这小子到底有什么见不得人的秘密瞒着他俩。

又游了一会儿，快快终于改变了方向，只见他掉头忽然朝大海的深处游去。

"奇奇，可能快到了，注意力集中点儿。"翔龙很有经验，快快忽然改变前进的路线，很可能他想去的地方就在前方不远了。

奇奇一听就要真相大白了，立马来了精神，眼睛瞪得比任何时候都大。

这时前方又出现了一片海藻茂盛的区域，快快忽然格外谨慎起来，只见他先是回头东张西望打量了一番，翔龙和奇奇赶快躲到了一块礁石的后边。见没有什么异常，快快一头扎进海藻群里，像泥鳅一样几个滑溜的转身就不见了踪影。

"奇奇，快跟上去。"翔龙一边加速游动，一边回头小声地催促奇奇。

都跟到了这儿，如果再一个没留神让这小子溜掉了，那可太让人不甘心了。

"好嘞。"奇奇干脆地答应了一声，和翔龙一前一后，像两颗精确制导的鱼雷一样，也先后进入了海藻群中。

一进入海藻群，翔龙就知道有麻烦，只见眼前的海藻密密麻麻的，他宽扁的身体前进起来非常困难，而体型较小的快快早就不见了踪影。

"奇奇，你发现快快的身影了吗？"在交错生长的海藻中费力前行的翔龙焦急地问奇奇。

"没看见，忽然不见了。"奇奇也在月光下努力寻找快快的踪影，可是什么都没有发现。不过他有一点儿比翔龙幸运——流线型的身体在密实的海藻群中行动起来没有翔龙那么麻烦。

"哎呦——谁扯着我的腿啦，奇奇，救命啊——"忽然在前面探路的翔龙喊起了救命，把奇奇吓了一跳。

"翔龙，你怎么了？"黑暗中只能看见翔龙模糊的身影在海藻丛中拼命挣扎，也不知道到底发生了什么，奇奇着急地问道。

"我的一条腿被什么拉住了，奇奇，快来帮帮我。"海藻丛中十分阴暗，看什么都是朦朦胧胧的，翔龙也不知道是怎么回事，只觉得好像有一只大手抓住了他的一条腿，使劲把他往回拉。

奇奇和翔龙之间隔着一段距离，他赶紧游了过去，准备帮助翔龙从躲藏在阴暗海藻中害人的家伙手中把好朋友解救出来。

"快放手，不然我不客气啦。"一片晦暗中，奇奇好像是看见一只细长的手臂缠绕着翔龙的左后腿，他发出了威严的警告。

可是对方完全没反应,好像没听见,依然紧紧地拉住翔龙的左后腿。

"呀——"见对方这么轻视自己,奇奇生气了,他头一低,准备一头撞过去,用自己擅长的铜头功给对方一点儿厉害瞧瞧,忽然他发现拉住翔龙的"手臂"好像有些不对劲。

凑近一点儿细看,奇奇忽然笑了——什么手臂呀,只不过是几条细长缠绕在一起的海带罢了,只见它们紧紧环绕在翔龙的左后腿上,看起来就像一只手臂拉住了他,难怪翔龙误会了。

"奇奇,我都被海藻丛里可怕的怪兽抓住了,你还笑。"听见奇奇的笑声,翔龙不乐意了。

"嘻嘻,看你说得这么吓人,什么怪兽呀,就是几根海带缠在你腿上罢了。"奇奇并不在意翔龙对他的不满,笑呵呵地解释道。

"真的,你没有骗我?"翔龙还有些不相信,因为海马快快搞得神秘兮兮的,他自己下意识地也觉得这片海藻丛很神秘,好像隐藏着什么可怕的怪物。

"当然,谁骗你谁明天碰见鲨鱼。"奇奇想起快快发誓的话,顺口说了出来。

"奇奇,快呸呸呸三下,这个可不能胡说,万一明天真的碰见鲨鱼……"翔龙赶紧阻止了奇奇,不让他继续瞎说,他自己提到鲨鱼也没有继续说下去,显然心里非常忌惮。当然,他相信了奇奇的话,扯住自己腿的真的只是几根海带而已。

奇奇也被自己随口乱发的誓言吓了一跳,他淘气地做了一个鬼脸,然后老实地按照翔龙说的呸了三下——碰见鲨鱼可不是好玩的,这些家伙永远都遇不到最好。

奇奇帮着翔龙把海带解开,因为翔龙用力挣扎,海带缠得非常紧,奇奇费了一番功夫才让好朋友重获自由。

"臭海带,敢吓唬我,看我不把你们扯个稀巴烂。"重新自由的翔龙火了,他猛扑上去,一把扯住海带又拉又拽,想把海带们扯断。

"翔龙,我们快点儿寻找快快吧,要不他就跑得没影啦。"奇奇提醒好朋友。

提到快快,翔龙一下子停住了,对呀,这么一耽搁,快快跑得更远了,再不加紧追赶,多半让这个滑头的小子就溜了。

"奇奇,快,我们继续追。"那个奇奇熟悉的急脾气的翔龙又回来了。

"好嘞。"奇奇答应道,两个好朋友继续追赶海马

快快。

好在烦人的海藻区不是很大,当他俩终于安全通过的时候,两个好朋友都松了一口气。

可是海藻丛里根本不见快快的身影,这个狡猾的海马到底跑哪里去了呢?

这时在他俩的面前出现了两条路,一条是平缓的沙地,另一条是幽长的沟谷,中间隔着一条一眼望不到头的海底山丘。

"翔龙,我们该走哪边呀?"看着同样陌生的两条路,奇奇有点儿犹豫。

"我来看看。"翔龙像个侦探似的来回在两条路之间转了好几个圈,也没有什么头绪。

"我断定，他一定是从这其中的一条路溜走了。"最后翔龙憋出了这么一句。

奇奇听了差点儿气乐了——这不是废话吗，面前总共就两条路，快快如果没有掉头，肯定要走其中的一条路嘛。

"那我们到底走哪边呀？"奇奇不想自作主张，免得走错了被埋怨。

"那……那我们抛贝壳吧。"最后无计可施的翔龙想出了这么一"高招"。

海洋居民的抛贝壳就像我们人类的抛硬币一样，是遇到难题无法决断时的碰运气行为。

奇奇当然同意，只要最后找不到快快不要怪他选错路就行。

沙地上到处都是贝壳，翔龙选了一个，说好背面走沙地，正面走沟谷，然后他把贝壳朝空中一抛，和奇奇一起瞪大眼睛看落下的结果。

"呀——是正面，走沟谷呢。"奇奇惊讶地叫道。

既然老天爷给他俩决定了，翔龙也无话可说，他和奇奇一头扎入沟谷，朝前面追去。

走了一两百米的样子，沟谷忽然到头了，前面出现了一个黑乎乎的大洞，月夜里也看不清到底有多深，通向哪里。

"翔龙,还追吗？"奇奇看着黑咕隆咚的大洞有些害怕,问翔龙的意见。

翔龙看看黑漆漆的洞口,也有些害怕,可是就这么回去,他又觉得很窝囊。

"追——海盗们的藏宝洞我们都进过,还怕这个小黑洞吗？"翔龙给自己和奇奇打气壮胆。

他这句话很管用,奇奇一想真是这样的,面前这个黑洞口有什么好害怕的。

"好,翔龙,我们继续追。"奇奇勇敢地说道。

两个小伙伴互相鼓励,他俩并肩进入黑洞,向着深处游去。

好在大洞里虽然很黑,但是并不长,也没有遇到什么在黑暗中闪闪发光的眼睛之类吓人的景象,洞口就出现在了眼前。

"哈——终于安全通过了。"奇奇开心地说道。

"嘘——"翔龙忽然朝奇奇做了一个安静的动作,他示意奇奇看前方,只见洞口外是一片平整的小山谷,在山谷的中间,平放着一个长条形的透明的水晶棺。皎洁的月光下,水晶棺熠熠发光,照得周围一片光亮,如同海底的一轮小月亮。水晶棺里,一位美丽的姑娘安详地躺着,从她身上华美的衣服来看,一定是一位美丽的阿拉伯公主。

中东的范围

我们经常在各种媒体上看见或者听见"中东"或"中东地区"这个词,那么它具体指的是什么地方呢?中东并不属于正式的地理术语,是一个欧洲中心论词汇,意指欧洲以东,并介于远东和近东之间的地区。具体是指地中海东部与南部区域,从地中海东部到波斯湾的大片地区。在地理上,中东的范围包括西亚地区(除阿富汗),并包含部分北非地区。

海马抚育幼崽的是爸爸还是妈妈?

海马是刺鱼目海龙科海马属的一种非常可爱的小型海洋动物,一般身长5~30厘米。它们因头部弯曲呈马头状而得名,吻部呈长管状,嘴巴非常小,有一个背

阿拉伯海底的睡公主

鳍,均由鳍条组成。两只眼睛可以各自独立活动。

在自然环境中,海马通常喜欢生活在珊瑚礁的缓流中,经常用它那适宜抓握的尾部紧紧勾勒在珊瑚的枝节、海藻的叶片上,将身体固定住,防止被海流冲走。海马广泛分布在世界各大海域,太平洋、大西洋、印度洋等海域都有它们优雅的身影。

海马的雌雄分辨非常简单,就是雄海马有腹囊(俗称育儿袋),而雌海马没有,这在自然界中是一种非常少见又有趣的现象。

在雄海马的腹部、正前方或侧面长有育儿袋。交配期间,雌海马把卵子释放到育子囊里,雄性负责给这些卵子受精。雄海马会一直把受精卵放在育儿袋里,直到它们发育成形,才把它们释放到海水里。

每年的5~8月是海马的繁殖期,这期间海马妈妈把卵产在海马爸爸腹部的育儿袋中,卵经过50~60天,幼鱼就会从海马爸爸的育儿袋中生出,所以说是海马爸爸负责育儿。

海马是地球上唯一一种由雄性生育后代的动物。

六、圆点鲀的故事

让翔龙和奇奇更加惊诧的是,在水晶棺的旁边,有一个熟悉的身影,正是海马快快,只见他安静地看着

阿拉伯海底的睡公主

水晶棺里那位美丽的姑娘。

"他怎么会在这里?"奇奇吃惊得下巴都快要掉了。

"我想这就是快快不愿我们知道的秘密了。"翔龙若有所思地说道。

"你是说快快和水晶棺里那位美丽的姑娘?可是他俩能有什么关系呀?"现在奇奇完全糊涂了,这简直比告诉他明天大海里的水就会完全干了,还让他吃惊。

"我想他俩一定早就'认识'了。"翔龙看着快快一脸深情地盯着水晶棺里那位美丽的姑娘，很肯定地说道。

"我们过去问问他吧。"奇奇不想没目标地瞎猜，他现在的脑子乱得就像一团麻，就算可怕的鲨鱼出现在面前，估计他都忘记了害怕。

"行，这小子的秘密总算被我们发现了，看他还有什么话说，嘿嘿——"翔龙一脸得意，觉得自己还是挺足智多谋的。

"快快。"奇奇怕吓到了全神贯注的快快，所以叫得没敢太大声。

"啊——谁呀？"虽然奇奇很贴心，可是已经忘记了周围世界的快快还是被吓到了，只见他猝然回身，动作猛得差点儿扭到了自己的脖子。

"快快，是我和翔龙，你的朋友。"见快快一副惊骇的神情，奇奇赶紧解释。

"哦——是……是你们呀，你们怎么来了？"显然奇奇和翔龙的出现完全出乎快快的意料，他觉得自己非常小心，一路上也没有发现被跟踪的痕迹。

"哼——你不想告诉我们，我们难道就没有办法啦。"翔龙见快快现在还一副不干脆的模样，不满地哼了一声。

"没……没有啊，我只是不想给你们添麻烦。"快快一脸尴尬，只好讪笑着解释。

"那你还当不当我们是你的朋友了？"翔龙不依不饶。

"自……自然是朋友了。"快快说话结结巴巴的，显然被步步紧逼的翔龙逼问得有点儿招架不住了。

"好啦，翔龙，既然大家是朋友，就原谅他吧。"奇奇不想让快快太难堪，继续当起了和事佬。

"是是是，你们想知道什么，我都告诉你们。"快快感激地看了奇奇一眼，觉得可没有白认识这个朋友。

"一点儿不隐瞒吗？"翔龙现在对快快多少有些成见，觉得这个家伙心眼太多，很难完全相信。

"绝不敢再隐瞒翔龙大侠，我一定像竹筒倒豆子那样说出来。"快快这家伙有时候还挺幽默，说完翔龙和奇奇一起都笑了。

"那就好，你不告诉我，我也有办法调查出来，到那时——哼哼……"翔龙话没有说完，不过谁都明白他那两声哼哼的意思。

奇奇知道翔龙向来都是刀子嘴豆腐心，他根本没放在心上，而是游到了水晶棺的旁边，看着里面美丽的姑娘问道："快快，这是怎么回事？里面那位美丽的姑娘又是谁呀？"

"她是一位美丽的阿拉伯公主,她已经躺在水晶棺里在海底沉睡几百年了。"快快看了一眼水晶棺里面容安详的公主,很平静地说道,似乎在说一件最稀松平常的事情。

"哈——看我的直觉多灵,我第一眼看见她就知道她一定是位高贵美丽的公主。"见自己的判断得到了证实,翔龙又兴高采烈起来,完全忘记了刚才的不愉快。

"几百年!这么久?"奇奇有些不敢相信,他瞪大了眼睛看着面前的水晶棺,似乎在看着一个不真实的存在。

"这一定是个幻觉,我一定是在做梦呢。"奇奇心里一个劲念叨,为了搞清楚自己到底是不是在做梦,他偷偷地咬了一下自己的嘴唇,呀——好疼啊。

"沉在海底这么久,睡在里面的公主还这么栩栩如生,真神奇呀。"翔龙绕着水晶棺观察了一圈,只见里面的公主大约有十七八岁的样子,身体苗条高挑,眉眼清秀精致,一看就知道活着的时候一定是位美丽的公主。

"这都是因为这副水晶棺的缘故。"快快解释道。快快就是不说,翔龙和奇奇也明白,只见水晶棺工艺精细,所有的缝隙处都浑然天成,好像根本就没有经

阿拉伯海底的睡公主

过加工打磨,而美丽的公主本来就是安详地躺在水晶棺中间的。

正是因为水晶棺把公主和外面的空气完全隔绝,腐蚀性的海水也无法进入其中,所有她才能安然无恙地保存了这么久。

"快快,你是怎么知道公主的事的?她到底是因为什么睡在水晶棺里被沉入海底的?"现在奇奇的好奇心完全被激发出来了,要是不搞清楚水晶棺里睡公主的事,他觉得吃饭都没有味道了。

"对呀,快快,你给我们讲讲吧。"翔龙也很想知道睡公主背后的故事。

"好吧,这个故事已经在我们海马家族流传几百年

了，那我就给你们讲讲吧。"这次快快没有再推脱，而是很干脆地答应了。

故事还得从500多年前说起，在海边的阿拉伯半岛上，有一个富裕繁华的国家，国王英明仁慈，人民安居乐业，一片太平盛世的景象。

国王娶了一位温柔贤惠的皇后，皇后生了一位公主，可爱又美丽，是国王最疼爱的掌上明珠。

本来一家三口的日子过得非常幸福，可是在公主十几岁的时候，皇后生病死了，只留下孤零零的公主和伤心欲绝的国王。

疼爱女儿的国王觉得公主缺少母爱，于是听从了大臣们的建议，又娶了一位新皇后，希望她能够像亲生母亲般照料公主。

新皇后娇艳动人、能歌善舞，而且聪明伶俐。开始的时候，她对公主非常关心，每天想着法子逗公主开心，她的努力赢得了国王的欢心，也得到了公主的信任。

可是没过多久，她凶残的本性就暴露了出来，不仅嫉妒公主长得比自己还要美，而且憎恶国王对公主无微不至的关心，她希望公主能够从王国永远消失，这样自己就可以独自得到国王所有的宠爱了。

可是怎样才能神不知鬼不觉地除去公主呢，却让

阿拉伯海底的睡公主

她犯了难。如果用毒药把公主毒死，一定会被国王发现，如果想让公主生病而死，可是公主生性活泼，身体非常健康，等生病不知得等到何年何月，她等不及了。心肠歹毒的新皇后花重金找来了整个王国据说本事最大的一位巫师商议，并许诺害死公主之后，一定向国王举荐他，让他成为王国地位最高的巫师——国师。

财迷心窍的巫师想都没想就答应了，他告诉新皇后，除去公主最好的办法就是一场意外，只有这样才不会引起国王的怀疑。

新皇后听从了巫师的建议，两个心肠恶毒的家伙商议出一条毒计，准备让公主在河边戏水的时候，让她溺水而亡。

制定好了毒计，神通广大的巫师查看天象，他算定三天后的午后会突起大风暴，正是暗害公主的好时机。

按照计划，新皇后编造了一个谎言，说在城外的河边忽然出现了一种怪鱼，不仅全身是金色的，而且见人就会在水中跳跃点头。公主正是爱玩的年纪，她一听就要去看，怕父王不同意，她还让身边的仆人谁都不准说出去。

公主只带着一个侍女就偷偷地出宫了，因为新皇

后告诉她,已经在河边给她准备好了小船,划着小船就可以到河里和可爱的金色鱼亲近地玩耍了。

公主和侍女来到河边,果然有一只小船停靠在岸边。她兴奋地和侍女划着小船来到河中央,可是金色的鱼没有看见,大风暴却像巫师算定的那样如期而至。

早就被新皇后做了手脚的小船在风浪中只颠簸了几下就完全散了架,可怜的公主和她的侍女,连呼救都来不及,就一起沉没在波涛汹涌的河水中了。

最爱的女儿溺水而亡,国王伤心极了,这个时候新皇

阿拉伯海底的睡公主

后趁机向他推荐巫师，说他神通广大，也许有办法让公主复活。

正绝望的国王一听如同抓到了一根救命稻草，他立刻召见巫师。巫师凭借巧舌胡说八道，说他确实有办法可以让公主的灵魂安息，在未来的某天重新复活，国王听了大喜过望，立刻封巫师为国师。

诡计多端的巫师装模作样，他亲自指挥修造了一个水晶棺，然后把打捞上来一直用冰块保存的公主安放在水晶棺里。为了满足新皇后永不再见公主的心愿，他又鬼话连篇，说要把水晶棺里的公主沉入大海，这样公主才有可能复活。为了掩人耳目，他还胡说这事只能他一个人驾船前往，否则就不灵验了。

爱女心切的国王当然什么都答应他，就这样巫师一个人驾着小船,载着水晶棺里的公主一直来到大海的深处。害人心虚的巫师念叨了很久,把事情的前因后果都讲述了一遍,如果公主死不瞑目的话,希望去找新皇后报仇,不要来找他。念叨完了,自觉心安的巫师才把水晶棺推入茫茫的大海,连头都没敢回,划着小船溜走了。

这一切,正好被一位在附近的海马祖先看见了,他把这个事情讲述给族人听,于是水晶棺里公主的故事就在海马的家族中一直流传到了现在。

听了快快的讲述,奇奇和翔龙很长时间都没有说话,他俩因惊讶张大的嘴巴还没有合上呢。

"这个新皇后和巫师真坏,要是让我遇到了,一定替公主报仇。"很有正义感的奇奇气愤地说道,可是他也不想想这已经是几百年前的事了,到哪里去找害人的新皇后和巫师呀。

听完快快的故事,翔龙一直仔细地看着水晶棺里的睡公主,觉得她实在是太美了,虽然已经死去了500多年,可是她的容颜依然可以和最娇艳的鲜花相媲美。

"她可真美呀。"翔龙赞叹道。

"是的,是天下最美丽的公主了。"快快一脸深情地回答。

阿拉伯海底的睡公主

快快自从第一眼看见水晶棺中的睡公主，就爱上了她，几乎每天都会来看她。因为这个，许多同伴都笑话他，说他神经不正常，多半是受了什么刺激，不过快快并不在乎这些讥讽，依然深爱着美丽的睡公主。

"咦——"一直紧盯着公主的翔龙忽然诧异地叫了一声，好像发现了什么。

"怎么了？"快快以为翔龙发现睡公主有什么不好，紧张地问道。

"翔龙，你发现了什么？"奇奇也好奇地问道。

"衣服，睡公主的衣服。"翔龙回答道，又像是在自言自语。

"衣服怎么了？"奇奇和快快都一头雾水地看着他。

"嗯——"翔龙没有说话，又绕着水晶棺游了一圈，那模样好像是一个大文物学家在观察一件最神秘的稀世珍宝。

"翔龙，你快说呀，真急人。"奇奇有些不满地抱怨道，他最讨厌说半截话了，把人的好奇心勾起来，又不马上告诉人家，搞得心里好像藏着七八十只小兔子一样，很不好过。

"公主有什么问题了吗？"快快也一脸紧张地追问道。

"你们别急呀,让我再看看。"别人着急,翔龙自己倒是很沉得住气。

终于翔龙开口说道:"公主穿的衣服我觉得好眼熟呀,好像在哪里见过。"

翔龙的话让奇奇和快快很意外,500多年前公主的衣服,他怎么可能见过呢。

"不,我一定见过。"翔龙坚持自己的看法,他有时也挺固执的。

"呀——我想起来了,是丝绸,公主穿的是中国丝绸。"翔龙忽然惊喜地叫了起来,那模样好像一个贪财的人在路上捡到了一个大元宝。这种材质的衣服翔龙见过,因为最喜欢自己的饲养员过年的时候穿过,繁育基地许多美女也穿过。

"翔龙,你没有发烧吧,这里离我们的家乡这么远,她怎么会穿着中国的衣服呢?"奇奇觉得翔龙的发现有点儿不靠谱。

"奇奇,你忘啦,500多年前,正是我们的大英雄郑和率领船队来这里的时间呀,公主穿的衣服肯定是郑和的船队运过来的。"翔龙推测道。

翔龙没有看错,睡公主穿的的确是中国的丝绸,要知道他可是一只天才小海龟,眼力不是一般的好。他的推测也很有道理,从时间上来说,公主穿的丝绸是郑和的船队运过来的也非常有可能。

"呀——照你这么说,说不定公主还参观过大英雄郑和的船队,甚至还见过郑和本人呢。"奇奇也瞬间化身神探狄仁杰,瞪大眼睛推测道。

"你们在说什么呀?"虽然翔龙和奇奇说得很热闹,可是快快完全插不上话,因为他都不知道他俩在说什么,什么郑和呀丝绸呀,都是他来从没有听过的新名词。

"这个等有空再告诉你。"翔龙觉得这个说起来话长,不是现在能说清楚的。

"快快,你打算一直陪着睡公主吗?"奇奇看快快对公主非常有感情,贴心地问道。

"是的,不过我更想让她复活。"快快看着水晶棺里安详的公主,很冷静地说道。

什么!

奇奇和翔龙一起像听天方夜谭一般看着快快,觉得他这个想法实在是太疯狂了。

中东的国家

中东究竟包括哪些国家和地区,国内外尚无定论,但一般泛指西亚地区,约17个国家。具体来说包括巴林、埃及、伊朗、伊拉克、以色列、约旦、科威特、黎巴嫩、阿曼、卡塔尔、沙特阿拉伯、叙利亚、阿拉伯联合酋长国、也门、巴勒斯坦、塞浦路斯和土耳其。其中,除以色列和塞浦路斯外,都是信奉伊斯兰教的国家。

而在这些中东伊斯兰国家中,土耳其、伊朗、以色列为非阿拉伯国家。

郑和的船队和到访的国家进行了哪些贸易?

我们都知道,中国古代的劳动人民特别智慧勤劳,除了四大发明让世界各国人民敬佩外,心灵手巧的中国能工巧匠生产的各种精美的工艺品,例如陶瓷、丝绸等,亦深受世界各国人民的喜爱,西洋各国的老百姓也是如此。因此,在郑和每次下西洋的活动中,这些代表了当时中国最高工农业文明的手工制品,就理所当然地成了与到访各国进行贸易的主要物品。

虽然中国地大物博、物产富饶,但西洋各国也有许多中国没有或者缺少的东西,例如香料、染料、宝石等,因此贸易双方公平交易、各取所需,郑和的船队每次回国都是满载而归,装满了各国的奇珍异宝。

友好交往讲究礼尚往来,除了正常的贸易交换外,郑和船队到访的一些国家,为了对远道而来的尊贵客人表示情谊,往往在他们回程的时候,还赠送一些特

别的礼物，主要是一些珍禽异兽，来表达对遥远东方中国人民的深情厚谊。

例如1413年，郑和第四次下西洋，这次他们首次绕过阿拉伯半岛，航行到木古都束国（非洲东岸索马里的摩加迪沙一带），国王赠送了一只"麒麟"，也就是非洲的长颈鹿。

郑和第五次下西洋的时候，这次回国带回来的珍禽异兽就更多了，有忽鲁谟斯的狮子、金钱豹、大西马；阿丹国的麒麟、长角马哈兽；木古都束的狮子；卜剌哇的骆驼和驼鸟等。

七、这是我的私人财产

"可……可是快快,你难道没有看出来那个巫师是在胡说八道吗?"因为太惊讶,奇奇觉得自己说话都有些磕巴了,他可不相信一个死了几百年的人能够复活,虽然他也很喜欢美丽的睡公主。

"是啊,快快,你是不是太异想天开了?"翔龙也觉得快快的想法不是不靠谱,而是完全不靠谱。

"这个世界这么大,一定会有办法的。"快快看起来很坚定,一脸的严肃,并不像是在开玩笑。

好吧,既然快快这么死脑筋,奇奇和翔龙觉得真是被他打败了,这是他俩跟着大英雄郑和的脚步旅行以来,遇到的最……怎么说呢,最疯狂的一位,难怪他的同伴们都觉得他神经有些不正常了。

因为水晶棺里的公主太神秘,快快的故事也太精彩,翔龙和奇奇都忘记了时间,不知不觉月亮不知藏到哪里去了,东边出现了一抹鱼肚白。

"我们还是早点儿离开这里吧。"快快忽然说道,而且表情还有些不自然,不时地朝周围张望。

"为什么呀,我们还没有看够呢。"奇奇和翔龙一起反对,因为睡公主实在太美了,而且他俩还想仔细研究一下公主身上的丝绸衣服和大英雄郑和船队之间的关系呢。

"要是再不走,就怕……怕来不及了。"海马快快忽然吞吞吐吐地说道。

快快的话让翔龙和奇奇有些听不懂,他俩一起看着快快,翔龙问道:"咦——水晶棺里的睡公主不是你们海马家族发现的吗,为什么会来不及啊?"他觉得,是不是海马家族有规定,一次看睡公主不能超过多少时间呀。

"是……不是……"快快不知道怎么和翔龙、奇奇解释,憋得满脸通红。

"总之你们听我的就好了。"最后他猛地一发狠说道。

翔龙和奇奇还没有说话,就听海马快快身后一阵冷笑,"哼哼哼——小海马,上次让你跑掉了,竟然这么快就回来了,你是不想活了吗?"听口气,说话的家伙好像和快快打过交道。

因为被快快的身体挡住了,翔龙和奇奇第一时间没有看清说话的家伙,不过快快好像听见了世上最可怕的声音,只见他浑身猛地一颤,眼珠好像都僵住了。

"嘿嘿嘿——我这……这就走。"和翔龙、奇奇之前熟悉的那个机灵的有些霸道的快快完全不同,现在的他就像一个逆来顺受的"小媳妇"。

"快快,怎么回事,你在和谁说话呀?"因为一直被快快挡着,翔龙还没有看见说话的家伙,他好奇地问道。

"别问了,我们快走吧。"快快始终没敢回身看身后说话的家伙,他一边朝翔龙和奇奇游过来,一边小声地说道。

"不——我们干吗要走。"翔龙脖子一梗,当然不会同意。

"对,我们不走。"奇奇也觉得什么都没搞清楚,就这么稀里糊涂走了,好像太窝囊了。

"吆——小海马,你的人缘不错嘛,这么短的时间,就找来两个给你撑腰的啦。"随着说话声,只见快快身后一个黑影朝前一闯,一下子进入水晶棺发出的毫光圈之中,与翔龙和奇奇来了个面对面。

因为翔龙和奇奇在明处,对方在暗处,他实际早就把奇奇和翔龙看得清清楚楚了。

借着水晶棺发出的光芒,翔龙和奇奇仔细地打量忽然出现的这个家伙,只见他体型细长,呈纺锤形,长得皮糙肉厚、嘴尖口阔,个头比海马快快大许多,但要比奇奇小一些。

虽然个头并不大,但是这个家伙的眼神凶巴巴的,一副目中无人的样子。

"你是谁?"看清楚了对手的长相,见也不是什么三头六臂的厉害人物,翔龙心里有了底,高声问道。

"嘿嘿——我嘛,我是刺鲅(bà),小海龟,这里现在是我的地盘,美丽的睡公主是我的私人财产,你要是识相的话就赶紧带着你的朋友离开。"这个家伙倒是不客气,上来就和翔龙来了个开门见山。

听了刺鲅的话翔龙有些糊涂,他扭头问身边的快快:"水晶棺里的睡公主不是你们海马家族发现的吗,

怎么现在成了这个家伙的私人财产了呀？"

"是呀，快快，这到底是怎么回事？"奇奇也好奇地追问道。

"这个地方和水晶棺里的睡公主几百年来确实是我们海马家族管理的，"说到这儿海马快快畏惧地看了一眼刺鲅，见他没有要攻击的动作才继续说了下去，"可是前不久，他来了，非说这地方从此以后就是他的地盘了，睡公主也是他的私人财产了，就这样霸占了这个地方，还不许我再踏入这里一步，否则就要我好看。"顿了一下，快快接着说道："白天撞到你们，也是我忍不住想偷偷来看看公主，结果被他发现了，追赶我，我逃跑才造成的。"

快快说完了，赶紧躲到了翔龙的身后，生怕刺鲅找他的麻烦。

"是这样的吗？"奇奇听完气坏了，愤怒地看着刺鲅质问道。

"嘿嘿，小海马想怎么说随他便，我全都没有听见。"没想到刺鲅很狡猾，既没有承认也没有否认。

"你这是欺负人。"翔龙很生气地说道。

"你愿意这么说就算是吧。"刺鲅一脸无所谓的样子。

见刺鲅这么张狂，翔龙和奇奇气坏了，觉得他简直

和海蛇帮的那些家伙一样蛮不讲理。

"我们快点儿走吧。"快快自己惹不起刺鲅，也不想给新朋友添麻烦——他到现在还觉得有些对不起翔龙和奇奇呢。

"你别管，你怕他，我可不怕。"翔龙早掂量过对方的实力，见他只不过是一个人，就算和海蛇帮的海盗们一样蛮横，自己也可以对付。

"对，快快，不要害怕，还有我呢，我也帮你。"奇奇也上前一步，和翔龙并肩站在一起。

见两位刚认识的朋友这么仗义，快快感动得都快要哭了，"谢谢，谢谢……"他激动得只会说这两个字了。

见翔龙和奇奇这么坚定地要为小海马出头，刺鲅显然有些意外，他上下打量着翔龙和奇奇，好像在说"看，从哪里跑来的两个多管闲事的傻瓜吆"。

刺鲅想破脑袋可能都不会明白，既然水晶棺里的睡公主可能和大英雄郑和有关，翔龙和奇奇当然要管了——任何和大英雄郑和有关的事情，翔龙和奇奇都不会袖手旁观。

刺鲅这家伙很狡猾，他见奇奇和翔龙气势汹汹的，自己先软了下来，只见他赔着笑脸道："这又何必呢，大家萍水相逢初次见面，远无怨近无仇的，有话好好说嘛。"

"那你从这里离开,把睡公主归还给快快,我们就答应不管了。"翔龙很干脆,说出了自己的要求。

听了翔龙的话,刺鲅的脸色黑了一下,好像一朵乌云飘过,不过他眼珠转了转,立刻又换上笑脸道:"二位,大家见面就是朋友了,有事好商量。"他一副与翔龙和奇奇一见如故的表情。

不过这个家伙说话的时候,总是偷偷朝身后瞄几眼,也不知道他到底是在看什么。

自己这边是三个人,双方的力量强弱对比很明显,所以翔龙和奇奇也不怕刺鲅耍什么花招。

"既然是朋友,那你就从这儿退出去,把地方还给快快,我们就不追究了。"翔龙也不想把事情闹僵,给对方一个台阶下。

"二位,你们也不能听小海马一面之词呀,这个家伙向来撒谎成性,他说这块地方是他的,就是他的啦,我还说这个地方一直是我们刺鲅家族的呢。"刺鲅脸上笑眯眯的,一副很讲道理的样子。

刺鲅这个家伙可不是个善茬,他知道这件事已经过去了几百年,根本就死无对证,所以想把水搅浑。

"你这是造谣,我根本就没有撒谎。"快快一听就急了,他和翔龙、奇奇遇见以来,确实说了不少欺骗他

俩的话,怕翔龙和奇奇真的信了对方。

"哼哼,你说没有撒谎,那你拿出证据来呀。"刺鲅明知快快拿不出证据,故意将了他一军。

翔龙和奇奇当然相信快快,也很想为他主持公道,可是这死无对证的事该怎么办,对方这个难缠的家伙才会心服口服呢?

翔龙眼珠转了转,有了主意,"那你说该怎么办,才退出这个地方?"翔龙把球踢给了刺鲅,想摸他的底。

"这样吧,我们比试一下,要是你们胜了我,我就让出地盘。"刺鲅显得很大度,说话的时候又朝身后偷瞄了几眼。

翔龙没想到这件事这么容易解决,他下意识地看了奇奇一眼,奇奇朝他点了点头,那意思好像是说"比就比,谁怕谁呀"。

翔龙仔细地考虑了一下,比力气,对方根本不是自己的对手,比速度,有奇奇呢,也不用怕对方,所以他就同意了。

"好,说话算数,要是我们输了,就不要这块地方了。你想比什么?"既然对方这么大方,翔龙也不能小气呀。

"那我们就比速度吧,谁先在山谷里跑十圈,谁就赢。"刺鲅显得一副胸有成竹的样子。

比速度是奇奇的强项,所以他自告奋勇,"我来。"他很有信心地说道。

"加油奇奇。"翔龙知道好朋友的实力,大声给他鼓劲。

"加油,我的朋友。"海马快快很感激奇奇这么仗义。

小山谷有篮球场大,并不算小,因为比速度是看硬本事,刺鲅也不怕翔龙搞鬼,大方地让他当发令员。

翔龙在沙地上画了一道线，当作起跑线，"预备！"随着他发出的口令，奇奇和刺鲅一起停在起跑线前，双方摩拳擦掌，准备一展身手决一高低。

"开始！"翔龙发出了比赛开始的口令。

随着翔龙口令的发出，只见两个身影好像离弦之箭一般，快速朝前游去，几乎齐头并进难分高低。

"奇奇——加油呀——"快快使出全身的力气为好朋友加油。这比赛对快快非常重要，关系到他和睡公主以后的命运呢。

开始的时候，双方还可以跑个旗鼓相当，可是渐渐的，奇奇就开始领先了，这可把翔龙和快快高兴坏了。不过让人奇怪的是，落后的刺鲅好像并不着急，依然气定神闲地在后边游着。

"奇奇，加油啊。"翔龙忘记了自己发令员的身份，大声给好伙伴助威。

就在比赛进行到高潮阶段，还有两圈奇奇就会赢得比赛的时候，山谷里忽然游进来一大群的刺鲅，他们看见里面正在进行热火朝天的赛跑比赛，一起为同伴加油起来。

见大群的同伴来了，正在赛跑的刺鲅忽然停住不跑了，他冲着翔龙和快快嘿嘿一阵冷笑，"小海龟，小海马，你们上当啦，这是我的缓兵之计呢，哈哈哈——"

他得意地狂笑起来。

中东问题

和中东经常有关联的一个词汇——中东问题,可以说我们几乎每天都可以从不同媒体上看见或者听见。从政治概念上来说,中东问题是指阿拉伯国家(包括巴勒斯坦)与以色列之间的冲突问题,也称巴以冲突。中东问题是西方资本主义列强争夺地区利益的历史产物,也是世界上持续时间最长的地区热点问题,至今已半个多世纪。中东问题的核心是巴勒斯坦和以色列两个国家间的领土问题。

刺鲅是种什么鱼?

刺鲅,又名竹夹鱼,为鲭科刺鲅属的一种海洋鱼类。

刺鲅体型呈纺锤形，稍微有些侧扁，一般体长20～35厘米，体重100～300克。刺鲅鱼的全身密被小圆鳞片，体侧的侧线上长有密实的棱鳞，所有棱鳞各具一向后的锐棘，形成一条锋利的隆起脊，这也可能是它们被称为刺鲅的原因。

刺鲅虽然个头不大，但却是海洋中一种凶猛的食肉鱼类，在它们的上下颌各具一列尖利的细牙，再加上迅疾的游速，可以轻易地捕食比它更小的小型鱼类和其他一些软体的海洋生物。

刺鲅鱼一般集群活动，主要分布于太平洋、印度洋等海域，是一种重要的经济鱼类，为拖网渔船的主要捕捞种类。在我国，产于南海、东海及黄海，以南海、东海产量较多，渔获期有春、秋两季。在南海的粤东和粤中渔场是3~5月和9~10月为旺汛期，其中尤以春汛盛产；东海是5~6月和9~11月为旺汛期。

刺鲅的产量较多，近年来已成为我国重要的经济鱼类之一，其肉味鲜美，鲜食可油煎、油炸、清蒸等，加工可制成腌干品。

八、孙子兵法真管用

"奇奇,不要跑了,比赛结束了。"见奇奇还在冲刺,翔龙赶快喊住了他。

"呼呼——翔龙,怎么回事,怎么不跑了,我还有一圈就赢了。"奇奇游到翔龙面前气喘吁吁地问。他领先的比较多,正好在另一端,没有听见刺鲅的话,也没看清楚这边发生了什么。

"奇奇,我们上当了,这是他的缓兵之计,他是等着同伴们来到,一起对付我们呢。"翔龙气愤地说道。

听翔龙这么说,奇奇才注意到山谷里多了许多不速之客,模样都和刺鲅差不多,只不过使诡计欺骗他们的刺鲅嘴巴好像特别尖,可以叫他尖嘴刺鲅。

"嘿嘿,你说得没错,怎么样,你刺鲅大爷足智多谋吧,小海龟,有空跟你刺鲅大爷学着点儿,免得吃亏。"尖嘴刺鲅有同伴们做后盾,气焰一下子就嚣张起来。

原来这个家伙自从发现了水晶棺里美丽的睡公主后,就想独自霸占,他赶走快快后,出去邀请了许多同伴,一起来观赏他新得的宝贝。不知怎么的,这个家伙觉得今天要出事,所以就一个人提前赶了回来,正好遇到了奇奇和翔龙他们。这个家伙很狡猾，知道自己一个人根本不是翔龙他们的对手，为了不吃眼前亏，他有意拖延时间，等同伴们到来。

"骗子，你才是真正的骗子。"奇奇气坏了，愤怒地瞪着这个不知羞耻的家伙。

"随你怎么说，反正现在算我赢了。"尖嘴刺鲅一副死猪不怕开水烫的架势。

"老弟，这就是你说的睡公主呀。"

"天啊，真是太美了。"

……

刺鲅们一起涌了上来，围着水晶棺闹哄哄地品头论足，根本没把一边的翔龙和奇奇他们当回事。

这些家伙集群行动，数量足有二三百，一下双方的力量对比来了个大翻个。

"还不给我快走，不然我不客气了。"尖嘴刺鲅听着同伴们的赞美心里正觉得美呢，回头一看翔龙他们还站在原地，他很牛气地呵斥道。

"对，还不给我快滚。"

"快滚开，别扫了我们欣赏的兴致。"

……

其他刺鲅们一起帮腔。

奇奇看着对方那张狂样，气坏了，可是对手人多势众,他不敢造次,于是低声问翔龙:"现在该怎么办?"

翔龙谨慎地掂量了一下面前的局势,如果贸然翻脸的话,肯定是自己这边吃亏,于是他决定先撤退,好汉不吃眼前亏嘛。

"奇奇,快快,我们先离开。"他低声道。

快快和奇奇也看出现在的局面对他们非常不利,翔龙的决定算是很明智的选择。

看着翔龙他们转身离开,刺鲅们发出一阵肆无忌惮的哄笑:

"算小海龟他们还识相。"

"是啊,惹了我们刺鲅大爷,可没有好果子吃。"

……

听着身后刺耳的讽刺声,翔龙、奇奇和快快的脸都气白了,他们加速前进,快点离开就听不到了。

刚出暗道,憋了半天的翔龙就狠狠地啐了一口道:"呸——一群不讲理的强盗,真是气死我了。"

快快更是被气哭了,"呜呜——他们不讲理,太欺负人了。"快快哭得鼻涕一把泪一把。

本来翔龙和奇奇都气得不行,快快这一哭他俩也顾不上生气了,忙着安慰快快。好半天,觉得受了大委屈的快快才不哭了。

"这事决不能就这么完了,我们一定要帮快快讨回

公道。"奇奇看着小山谷的方向,很坚定地说道。

"对,这事没完。"翔龙也发狠道。

"谢谢你们,你们是我最好的朋友。"快快非常感激新认识的两位朋友。

狠话好说,可是行动却难,翔龙和奇奇互相看了一眼,彼此都从对方的眼神里读出一句话:靠他们三个,对付不了这群刺鲅强盗。

"他们能倚多为胜,难道咱们就不会请帮手吗。"想到刺鲅们靠人多势众欺负人,奇奇愤愤不平地说了一句。

奇奇的话提醒了正在冥思苦想对策的翔龙:对呀,既然三个人的力量不够,那就多找些帮手呀。

"哈哈——狡猾的刺鲅小子,竟然敢和我聪明绝顶的美男小海龟玩阴谋诡计,我就给你来一招厉害的兵法——借刀杀人,把你们这帮坏蛋一网打尽,看你们以后还怎么害人。"想到绝妙高招的翔龙非常得意,又把他很久没用的名号搬了出来。

要说到用兵法,翔龙绝对是海洋居民里一等一的高手,因为他在繁育基地的时候,喜欢看书的饲养员给他讲了许多这方面的知识,除了准备用来对付刺鲅们的这招,还有在马六甲海峡对付海盗们的离间计、在蛇鱼谷对付毒蛇鱼的调虎离山计,翔龙知道的计策多着呢。

"什么是借刀杀人呀?"快快不懂,好奇地问道。

"就是请个厉害的帮手来对付他们。"翔龙尽量说得简单明了。

"哦——"快快还是有些半懂不懂的,不过能把这些坏蛋赶走,让睡公主重新回到他的身边,他就高兴。

"那我们找谁来帮忙呀?"奇奇问翔龙,他在这地方人生地不熟的,可想不出找谁。

"快快,你认识什么厉害的朋友吗?"翔龙问快快,因为只有他一直住在这里。

"我……我没有这样厉害的朋友。"说到这个快快似乎很羞愧,头低低的,都不敢看翔龙。

要知道作为一只海洋里差不多属于最弱小居民的海马来说,能认识什么厉害的朋友呀。要是想找同伴们帮忙,也根本指望不上,因为他自己已经是海马家族最优秀的小伙子了,还不是一样被一条飞扬跋扈的刺鲅鱼欺负。

"看来我们得另外想办法。"翔龙自言自语道。

到底可以找谁呢,翔龙和奇奇一起想办法。首先这个帮手的体型很大,起码要比翔龙大许多,这样才能不怕一大群的刺鲅鱼。

"要是热心的狮子鱼在这儿就好了。"奇奇忽然说道。狮子鱼虽然个头不大,但是他浑身长满剧毒的尖刺,不要说这些刺鲅鱼了,就是凶恶的鲨鱼,也不敢把他怎么样。

可是狮子鱼离得太远了,俗话说远水解不了近渴,所以奇奇这话等于白说。

"嗯——奇奇,你说我们找儒艮先生帮忙怎么样?"

奇奇提到狮子鱼,提醒了翔龙,他立刻想到旅途上遇到的另外一个朋友儒艮先生,他不仅脾气好,而且身躯庞大，对付这一群刺鲅鱼就是小菜一碟。

"对呀，我怎么把儒艮先生忘了呢，他一定可以对付这些强盗，而且肯定愿意帮忙。"听到儒艮这个名字，奇奇的眼睛也亮了。

"儒艮先生呀，我知道他住在哪里，我带你们去。"快快果然认识儒艮先生，只是现在大家都一心对付不讲理的刺鲅鱼们，也没人跟他计较。

儒艮先生的家在一大片繁盛的海草区，奇奇他们赶到的时候，儒艮先生正张着大嘴，嚼着鲜嫩的水草，吃美味早餐呢。

"儒艮先生，打扰了。"翔龙很有礼貌地问好。

"哦——是你们呀，你们不是已经去旅行走了吗？"看见是他俩，儒艮先生好像有些吃惊，不过品尝美味可没有停下。

"我们本来已经走了，可是因为一些事情又留了下来。"翔龙也没空解释，他直接问道，"儒艮先生，你能帮我们一个忙吗？"

说完，他们一起期待地看着细嚼慢咽的儒艮先生。

"什么忙呀？"儒艮先生悠闲地咽下一口鲜美的海草，气定神闲地问道。

"帮我们对付一群不讲理的刺鲅鱼，他们霸占了快

快的睡公主。"奇奇抢着回答道。

"嗯——"快快在一边使劲点头,证明奇奇说的话都是真的。

什么刺鲅鱼,什么睡公主!慢性子的儒艮先生被奇奇没头没脑的话闹糊涂了,瞪着和善的小眼睛看着他们。

翔龙赶紧解释,他把事情的经过简短地说了一遍,儒艮先生才明白。

"哦——这件事呀,我很愿意帮忙,可是我从来没有和人吵过架呀,更不要说动手打群架了。"儒艮先生显得很为难,他长这么大,还没和谁红过脸呢。

大家听了儒艮先生前面的话,都很高兴,脸上露出激动的神色,可是把话听完,他们又泄气了。

"儒艮先生,请你一定帮帮我,美丽的睡公主是我的,谁也抢不走。"快快一脸恳求的表情,好像又要哭了。

善良的儒艮先生很同情快快的遭遇,可是他真不知道和别人怎么吵嘴打架,他眨着小眼睛想了一下,慢悠悠地说道:"这样吧,你们去找我的朋友鲸鲨先生,他也许愿意帮忙。"

听到一个鲨字,翔龙和奇奇都下意识地后退了几步,觉得是不是自己听错了。

阿拉伯海底的睡公主

"儒艮先生,您是说去找鲨……"翔龙都不知道怎么说下去了。

"是鲸鲨先生,他很乐于助人,和那些讨厌的鲨鱼可不是一家子。"儒艮先生虽然性子慢,可并不糊涂,他也看出奇奇、翔龙他们可能误解了。

原来是这样,大家当然相信憨厚的儒艮先生的话了。

"那我们到哪里去找鲸鲨先生呢?"重新燃起希望的奇奇问道。

他们都没有见过鲸鲨先生,更不用说去寻找了。

"这个嘛,鲸鲨先生喜欢没事四处逛逛,我也说不好。"熟悉老朋友脾气的儒艮也给不出具体的意见——有时候你想找的时候,怎么也找不到,不想找的时候,他倒是老在你身边出现。

不过这个也难不倒翔龙他们,大家问清楚鲸鲨先生的长相,就急匆匆地出发了。

按照翔龙的意思,他想分散寻找,这样效率高点儿,可是心细的奇奇觉得他和翔龙在这里都人生地不熟的,万一迷路了更麻烦,所以大家决定还是在一起,碰碰运气。

"鲸鲨先生——鲸鲨先生——"

一边走,三个人一边轮换叫喊鲸鲨先生的名字。

鲸鲨先生没答应，他们的喊声倒引起了另外一位海洋居民的注意，他是一只背壳特别青的梭子蟹。

"你们找他干吗？"他贸然从藏身的一块礁石缝隙里爬出来拦路问道，把走在前面没有防备的奇奇吓了一跳。

"你想干吗？"看着高高抬起大螯的梭子蟹，奇奇还以为对方想找茬。

"我有点儿好奇，也许可以帮到你们呢。"梭子蟹挥舞着螯钳说道，这实际上只是他习惯性的动作。

见一个陌生人这么热心，奇奇很感动，他简单地说了一下事情的经过。

"哦——原来是这样，那我也可以帮忙呀。"梭子蟹挥舞了一下自己那对有力的大螯钳说道。

"你？朋友，我看还是算了吧。"见梭子蟹自告奋勇，翔龙虽然很佩服他的勇气，可是打量了一下他比快快也大不了多少的个头，觉得根本不可能是一群刺鲅鱼的对手。

"你们可以叫我青青，我很乐意帮助你们。"梭子蟹自我介绍，他的名字和他与众不同的青色背壳倒是很般配。

"青青，你能帮我们找到鲸鲨先生吗？儒艮先生向我们推荐了他。"奇奇抱着希望问道。

阿拉伯海底的睡公主

看着青青,奇奇就想起了南海的朋友梭子蟹,看来他们梭子蟹家族的人都比较喜欢帮助人。

"嘻嘻——你们算是问对人了,我今天早晨还见过他呢,他刚从这里过去不久。"青青一边呼噜呼噜吐着泡泡,一边笑嘻嘻地说道。

"那你能给我们带路吗?"翔龙惊喜地问道。

"这个当然没问题。"青青爽快地答应了。

有青青的帮忙,他们寻找鲸鲨先生的过程顺利了许多,在一片宽敞的水域,终于见到了海洋中真正的巨无霸——一条浑身布满淡色斑点的美丽的鲸鲨。

"他可真大呀。"看着像一朵彩云在海水中悠闲游动的鲸鲨先生,奇奇惊叹道——鲸鲨先生体长足有20米,张开的嘴巴大得可以一口把凶残的鲨鱼吞下,更不要说对付一群体型娇小的刺鲅鱼了。

"鲸鲨先生——"儒艮先生早就告诉过他们鲸鲨先生的脾气很和善,而且还富有正义感,爱打抱不平,所以翔龙一点儿不害怕地迎了上去。

"谁在叫我呀?"鲸鲨先生的体型实在是太大了,个头在小伙伴们中间最大的翔龙都不够他塞牙缝。

"是我,我是小海龟翔龙,您的好朋友儒艮先生让我们来找你,说您可以帮助我们。"翔龙尽量游在鲸鲨先生脑袋的一侧,这样鲸鲨先生可以很方便地看见他。

"哦——你说那个老家伙呀,他总是不怕给我添麻烦。"鲸鲨先生很和气地开玩笑道。

"那么你们想让我怎么帮忙呢?"他接着问道。

"他的东西被一群不讲理的刺鲅鱼霸占了,我们想请你帮他要回来。"翔龙一指身边的快快说道。

"嗯——"快快又一个劲点头,表示翔龙说的是实话。

"哦——这件事啊,这很简单。"儒艮先生说得没错,鲸鲨很干脆地就答应了——他最讨厌那些恃强凌弱的家伙了。

耶!

阿拉伯海底的睡公主

没想到事情这么顺利,四个小伙伴欣喜地互相看了一眼——有鲸鲨先生帮忙,海洋里没有摆不平的事情。

翔龙和奇奇的计策成功了!

远东地区

和中东一词相对应的是远东,它们实际都是根据距离欧洲的地理位置远近划分的。原先有近东、中东、远东三种划分,现在依然广泛在用的只有中东和远东。远东是西方国家开始向东方扩张时对亚洲最东部地区的通称,通常包括中国东部、朝鲜、韩国、日本、菲律宾和俄罗斯太平洋沿岸地区。

鲸鲨是海洋里最大的鱼吗?

在前边,儒艮先生曾经把他的朋友鲸鲨和军舰拿

来对比,那么鲸鲨是海洋里最大的鱼吗?

答案是肯定的,鲸鲨确实是海洋里最大的鱼类。

鲸鲨仅一科一属一种,即鲸鲨科鲸鲨属鲸鲨种,换句话说,鲸鲨是这个科属里唯一的生物。鲸鲨身体庞大,通常体长9~12米,最大个体体长可以达20米。鲸鲨这个名字是从鱼类生物学而来,表示鲸鲨体型与鲸鱼一样庞大,而且也是一种滤食动物。在1828年4月,根据一条在南非桌湾被捕获的长4.6米个体,鲸鲨才首次被生物学家确认。

鲸鲨外表非常美丽,它们体表散布淡色斑点与纵横交错的淡色带,有如星罗棋布的棋盘。鼻孔位于上唇的两侧,牙多而细小,排成多行。尾鳍呈新月形,下叶短于上叶。

鲸鲨虽然个头很大,而且名字里还有个鲨字,可是它们性情温和,可以与在水下的潜水员和谐相处。鲸鲨主要生活于温暖性大洋海区的中上层,主要分布在热带和温带海区,在南北纬30~35度的范围内。菲律宾是世界上鲸鲨分布密度最高的地区,它们会在1~5月之间聚集在菲律宾索索贡的浅海岸区。

鲸鲨是一种卵胎生动物。鲸鲨会将卵留在身体内,直到幼鲨生长到40~60厘米后才释放出体外,这显示出幼鲨并非全部同时出生。生物学家认为鲸鲨会在30岁左右达到性成熟，它们的寿命可以达到70~100年。

　　鲸鲨几乎没有天敌，人类捕捞是它们最大的威胁。东南亚是鲸鲨主要捕捞区，捕捞上来的鲸鲨主要食用其肉，有时也会将它的鳍割下以制作鱼翅。在其他地方虽然不是捕捞对象，但偶尔也会被误捕。

九、如何让睡公主复活

有鲸鲨先生这个强援助阵,海马快快一下子威风八面起来。

到了小山谷前,大家商议谁先进去看看,侦查一下刺鲅们是否还在里面,如果在,就由鲸鲨先生出面,给他们来个一网打尽,正好鲸鲨先生还没有吃早点,饿着呢。

"我去。"快快挺着胸脯自告奋勇。

"快快,你不怕他们啦。"奇奇关心地问道。

"哼——现在谁怕谁还不一定呢。"快快把脖子一梗,一副自信满满的样子。

大家都明白快快忽然这么自信勇敢的原因,心里可感激富有正义感的鲸鲨先生了。

"快快,注意安全。"看着快快游向山谷的身影,奇奇贴心地嘱咐道。

"放心吧,瞧我的。"快快回头答应了一声,径直朝山谷顶游去——这次他也不走黑乎乎的暗洞了,来个正大光明地出场。

翻过山梁,快快就看见尖嘴刺鲅一个人守在水晶棺睡公主边,他的帮凶——那群刺鲅鱼都不在,不知去哪里了。

快快刚出现,警觉的尖嘴刺鲅就发现了他,"小海马,你不要命了,还敢回来。"他凶巴巴地说道。

快快这下可不再害怕了,他仰着脑袋,严肃地说道:"这本来就是我的地盘,我为什么不能回来。"

快快的态度忽然三百六十度大转弯,让内心充满优越感的尖嘴刺鲅脑筋一时转不过弯来,他眨巴着眼睛看看快快,又打量了一下快快的身后,以为他请来了新帮手。

"小子,敢到我面前耍横,你吃错药啦。"可是快快身后空荡荡的,一个人都没有,所以他断定小海马一定是脑子受刺激了。

"快说,你的那些帮凶都去哪儿了,让他们都出来。"快快记着自己的使命,他要把情况摸清楚,让鲸鲨先生给他们来个一锅端,永绝后患。

快快"傲慢"的态度让习惯了他在自己面前低声下气的尖嘴刺鲅很不习惯,他恼羞成怒道:"不用他们,我一个人就可以教训你。"说着,他猛烈地摆动尾巴,张着满是尖细牙齿的大嘴就准备向快快冲过来。

快快才懒得和他动手呢,他故意轻蔑地说道:"是不是害怕都躲起来了?有种就把你的帮凶都叫上,我们到外面决一胜负。"

见快快这么轻视自己，尖嘴刺鲅气坏了，他眼珠转了转，估计小海马又请来了比小海龟还厉害的帮手，所以才敢这么张狂。

这家伙也很狡猾，他想快快请来的帮手估计就在山谷外面，于是想出去看看，来个反摸底。

"好，小海马，有种在这儿等着，我这就把他们叫回来。"尖嘴刺鲅一脸奸诈地说道。

"好，谁说话不算数就是骗子。"快快一口答应了。

尖嘴刺鲅贼溜溜地朝山谷外游去，他刚离开，快快就立刻来到了美丽的睡公主身边，满眼温柔地看着面目安详的公主，"放心吧，我一定把这些讨厌的家伙赶走，让他们不再来打扰你。"他轻声地说道，生怕吵醒了美丽的公主。

再说尖嘴刺鲅，这家伙游出山谷，偷偷地朝暗洞的方向一看，只见翔龙、奇奇和梭子蟹青青正等在那里。

"哈——我就说小海马怎么忽然狂妄起来了，果然是请来了新帮手。哼——一只小螃蟹能把你刺鲅大爷怎么样。"翔龙和奇奇已经打过交道，根本不是对手，现在又多了一只梭子蟹，尖嘴刺鲅也没放在眼里。

不过这个家伙可不会自己上去找不自在，他决定来个故技重施，把那伙头脑简单的同伴鼓动来，让他们为自己卖命。

对,就这么办,尖嘴刺鲅打定主意,一转身找同伴们去了。

说到这儿大家肯定会疑惑,一起来的鲸鲨先生怎么不见了?他那么庞大的体型,不可能眼睛贼尖的尖嘴刺鲅看不见呀。

这实际上是聪明的翔龙的主意,他让鲸鲨先生先躲起来,实际就躲在山谷的背面。等坏蛋们一起出现的时候,鲸鲨先生再出其不意地现身,把这些家伙一举消灭。

"兄弟们,我被人欺负了,你们可要给我撑腰啊。"尖嘴刺鲅很快就找到了四处游荡的同伙们,他故意装出一副可怜样,想博得他们的同情。

果然,头脑简单的刺鲅们立刻就上当了。

"老弟,谁欺负你了?说出来,我们立刻就给你报仇。"一个大头刺鲅恶狠狠地说道。

"对,说出来,我们给你报仇。"其他刺鲅跟着一起瞎嚷嚷。

"还是那几个讨厌的家伙,他们又找来了一只梭子蟹,我……我一个人不是他们的对手,呜呜——然后就被欺负了。"尖嘴刺鲅这个家伙竟然厚脸皮地哭了起来,干脆把戏做足了。

见同伴竟然被小海马请来的帮手欺负哭了,刺鲅群一下子就炸窝了。

"太欺负人了,我们一定要报仇。"

"对,我们刺鲅可不是好欺负的。"

……

刺鲅们一个个摩拳擦掌跃跃欲试,恨不得立刻抓住讨厌的小海马和他的同伙们,好好教训一番,让他们见识见识强大的刺鲅家族的实力。

见目的如愿达到了,尖嘴刺鲅偷着一阵奸笑:"不知好歹的小海马、小海龟们,你们就等着完蛋吧。"

阿拉伯海底的睡公主

强大的刺鲅群在尖嘴刺鲅的带领下,气势汹汹地赶往小山谷,准备找小海马和他的同伙们算账。

快快这时已经回到了大家的身边,尖嘴刺鲅离开没多久他就跟了出来,把情况告诉了翔龙他们。

"好,那我们就在这里等他们好了。"翔龙一脸自信地说道。

梭子蟹青青作为信号兵,一路爬到山谷的后边,把最新情况及时告知了隐蔽起来的鲸鲨先生。

大群的刺鲅蜂拥而至,他们像一片乌云似的,漂到了奇奇他们的面前。

"哼哼——小海马、小海龟们,你们就要完蛋了。"有同伴的支持,尖嘴刺鲅又猖狂起来。

"别高兴得太早了,谁完蛋还不一定呢。"快快不甘示弱地第一次回嘴。

见小海马都敢顶嘴了,这大大出乎了不可一世的刺鲅群的意料,他们议论纷纷,以为小海马肯定是吃饱了撑的,被撑傻了。

"小海马,我看你是不想活了。"尖嘴刺鲅气急败坏道。

"少吓唬人,要想活命就把睡公主还给快快,并且以后都不许再来打扰。"翔龙故意说得很大声,让躲起来的鲸鲨先生听见这边的情况。

海上丝绸之路大冒险

"哼哼——还给你们,简直是白日做梦。"尖嘴刺鲅当然不会答应,他也很喜欢美丽的睡公主呢。

"哥们,甭跟他们废话了,让兄弟们一起上,好好教训教训这几个不知天高地厚的家伙。"那个大头刺鲅有些不耐烦了,跟尖嘴刺鲅恶狠狠地说道。

"好呀,有胆量你们就过来动手,不要说我没有提醒你们,如果你们现在承认错误还来得及,免得一会儿把小命都丢了,后悔也晚了。"奇奇想给刺鲅们一个改过自新的机会,好心提醒道。

"奇奇,你这是对牛弹琴,这帮坏蛋肯定把你的好心当作驴肝肺。"翔龙已经看透了面前这帮家伙的德行,他很有先见之明地和好朋友说道。

"什么!让我们承认错误?哈哈……"

刺鲅们一起狂笑了起来,尤其那个大头刺鲅笑得最大声。

尖嘴刺鲅很狡猾,他可不像这些同伴们这么没脑子。他的眼珠来回转动,心里可活动开了:小海马和他的几个帮凶忽然这么大胆,会不会有什么阴谋?想到阴谋,这个家伙偷偷地朝四下张望,看是不是对手设下了什么埋伏,等他们上钩呢。

观望了半天,什么异常都没有发现,因为鲸鲨先生躲藏得很隐蔽,除非你绕到山谷后面,否则不可能发现。不过这个家伙还是有些不放心，他和算是刺鲅群头领的大头刺鲅商议。

"大哥，这帮家伙有恃无恐，会不会有什么阴谋呀，例如埋伏什么的。"尖嘴刺鲅说出了自己的疑虑。

"老弟，你是不是太多心了？"大头刺鲅正在得意地狂笑，听了尖嘴刺鲅的话不由得愣了一下，不以为然地说道。

"可是小海马他们的反应太异常了。"尖嘴刺鲅还是坚持自己的看法。

"异常吗？我看就是被咱们兄弟的威风吓傻了，哈哈……"说着，大头刺鲅又狂笑起来。

这两个家伙的对话都被翔龙他们听见了，翔龙气坏了，知道这些欺负人欺负习惯的家伙不可能改好了，他大声地朝山谷后面喊道："鲸鲨先生，该您动手了。"

这也是他们约好的信号，只要翔龙一喊动手，鲸鲨先生就从藏身的地方冲出来，给狂妄的刺鲅群致命的打击。

听到鲸鲨的名号，刺鲅们都愣了一下，他们不敢相信，小海马竟然还有这样的朋友。

短暂地静默了几秒，刺鲅群又发出了一阵刺耳的狂笑。

"小海龟，你不是在吹牛吧？"尖嘴刺鲅讽刺道。

他的话又引起了刺鲅们一阵更大声的嘲笑：

"小海龟肯定在吹牛。"

"哎呀，哥们，我好害怕呀，海洋老大竟然都出面了呀，这下咱们没活路了。"

……

刺鲅们说什么的都有，或者直接嘲讽，或者假装害怕逗同伴玩笑，嘻嘻哈哈的，一时间场面乱糟糟的。

按约定，翔龙信号发出后，鲸鲨先生就会现身的，可是等了好一会儿，鲸鲨先生还没有出现，连传递信号的梭子蟹青青也不见了踪影。

咦——这是怎么回事，不会鲸鲨先生等得太久睡着了没听见？或者他干脆走了不想帮忙了？

"翔龙，这是怎么回事呀，怎么鲸鲨先生还没有出现？"奇奇有些沉不住气了，他低声地问翔龙。

翔龙也不知道怎么回事，他看快快也紧张地看着他，脑子一晕不禁犯了一个愚蠢的错误。

"鲸鲨先生——鲸鲨先生——"他大声叫道，以为自己之前的声音可能太小了，鲸鲨先生和青青没有听见。

鲸鲨先生迟迟没有出现，本来就怀疑的刺鲅们这下更得意了，连一直担心的尖嘴刺鲅也把心放了下来，认为小海马、小海龟他们就是在和自己玩虚的，想把自己和同伴们吓走。

"小毛孩子们，少和我玩这些阴谋诡计，这些都是我玩剩下的。"尖嘴刺鲅大声地讥讽道。

"对吆，小海龟吹牛吹得太大了，丢人啰——"

……

嘴巴特别损的刺鲅们又是一阵冷嘲热讽。

眼看着如饿狼群般的刺鲅们步步逼近，翔龙、奇奇和快快不由得惊慌起来，除了一步步后退，完全不知道怎么办好了。

就在这紧要关头，刺鲅群的后面忽然响起一声极其威严的说话声："你们还想欺负人吗？"随着说话声，只见一个庞大的身影出现在他们的背后，正是突然神秘消失，又忽然出现的鲸鲨先生。

"鲸鲨先生——"

"哦——鲸鲨先生来啰——"

奇奇、翔龙和快快一阵欣喜若狂地欢呼。原来很有计谋的鲸鲨先生想彻底解决这件事，于是他和梭子蟹青青在听到翔龙发出的指令后，悄悄从山谷的另一边绕了过来，这样可以彻底断了刺鲅们的退路，于是就来晚了一会儿。

听到威严的声音，再看看小海马他们欢乐的反应，刺鲅群惊骇地回头，只见鲸鲨先生那巨大无朋的大嘴

海上丝绸之路大冒险

就近在咫尺,稍微一吸气就可以让他们全部葬身鱼腹。

刺鲅们一下子都吓傻了,胆小点儿的吓晕了好几个,像秤砣一样沉落在海底的沙地上,翻着白肚皮。

"鲸鲨先生,别和这些坏蛋客气。"翔龙大叫道,想让鲸鲨先生一口把几百条刺鲅鱼都吞下,这样一了百了免生后患。

可是善良的鲸鲨先生不想这么做,他想给刺鲅们一次改过自新的机会。

"你们要是承诺以后不再欺负比你们弱小的海洋

居民,我这次就可以饶了你们。"鲸鲨先生威严地说道。

本来以为这次一定在劫难逃的刺鲅们大喜过望,他们一个个痛哭流涕,纷纷发誓一定重新做人,不,应该是重新做鱼,再也不恃强凌弱了。

见刺鲅们真心悔改,鲸鲨先生点了点头,让开了一条路,刺鲅们抱头鼠窜,临走还不忘抬着吓晕在沙地的同伴们,这种对伙伴不离不弃的精神让鲸鲨先生又满意地点了下头。

一场惊心动魄的争斗以这样的结局收场,也算是很完满了。

只有翔龙不怎么满意,他恨恨地朝刺鲅们逃窜的方向看了一眼,嘀咕道:"便宜了这帮家伙。"

重新让睡公主回到自己身边的快快热情地邀请大家欣赏他的珍宝,第一次见的鲸鲨先生和梭子蟹青青都对睡公主的美丽赞赏不已。

"下一步你有什么打算吗?"鲸鲨先生和蔼地问道。

"我想让睡公主复活,重新回到她的国家去。"快快的话让鲸鲨先生和青青非常吃惊。

"那么你有什么办法能让美丽的睡公主复活呢?"青青兴奋地挥舞着大钳子问道。

"不知道,我正在想呢。"快快一脸深情地看着静静躺在水晶棺里的美丽的公主。

阿拉伯国家

阿拉伯国家是和中东关系密切又有区别的称谓,一般是指以阿拉伯民族为主的国家。他们有统一的语言——阿拉伯语,有统一的文化和风俗习惯,绝大部分人信奉伊斯兰教,同时也是阿盟的成员国。阿拉伯国家共有23个国家和地区,分为西亚12国和北非11国,包括阿拉伯联合酋长国、阿曼、也门、沙特阿拉伯、科威特、巴林、卡塔尔、伊拉克、约旦等国家,总面积约1 400多万平方千米,人口总数约3.4亿。

海洋里的鲸是不是鱼类?

我们前面说了,鲸鲨是海洋里最大的鱼类,肯定会有人提出疑问,说海洋里有的鲸鱼比鲸鲨还大,鲸鲨肯定不是大海里最大的鱼类。

那么这种质疑有道理吗?答案是错误的,因为鲸鱼是哺乳动物,并不属于鱼类。

有的鲸鱼确实比鲸鲨大,例如蓝鲸。蓝鲸被认为是已知的地球上生存过的体积最大的动物,长可达33米,重达200吨。

鲸不是鱼类而是哺乳动物,它们的共同特点是体温恒定,大约为35.5摄氏度。鲸类皮肤裸露,没有体毛,仅吻部有少许刚毛,没有汗腺和皮脂腺。皮下的脂肪很厚,可以保持体温并且减轻身体在水中的比重。

鲸没有外耳壳,外耳道也很细,但听觉却十分灵敏,而且能感受超声波,靠回声定位来寻找食物、联系同伴或逃避敌害。外鼻孔有1~2个,位于头顶,俗称喷气孔,一般鼻孔位置越靠后者进化程度越高。鲸每隔一段时间必须要到水面上来呼吸,浮出水面时,会喷出水柱。不同种类的鲸喷出的水柱也会不一样,须鲸喷出的水柱是垂直的,又高又细,齿鲸喷出的水柱是倾斜的,又粗又矮,有经验的人一看水柱便可以推算出鲸的种类、大小和年龄。

鲸的种类很多,目前已知的全世界有80余种,我

国海域有30多种。鲸分为两大类,一类叫须鲸,口中有须无齿有两个鼻孔,例如长须鲸、蓝鲸、座头鲸、灰鲸等;一类叫齿鲸,口中有牙齿,例如虎鲸。

十、正义的玳瑁爷爷

快快对睡公主的深情感动了大家，伙伴们都决定帮助他完成心愿。

可是让沉睡了几百年的公主复活，这可不是一件说说的事，就算是当初给国王出主意把公主沉入大海的巫师，恐怕也没有这个本事呢。

"快快，我们都会帮你的，人多力量大嘛，总会有办法的。"奇奇好心地安慰道。

"谢谢你们。"快快对朋友们充满了感谢，没有大家的帮助，美丽的睡公主现在还在刺鲅们的手里呢。

奇奇和翔龙现在已经修正了他俩的旅行计划，他们决定先帮助快快实现心愿，然后再到亚丁湾，去追随军舰和大英雄郑和的脚步。

可是能有什么办法让睡公主复活呢，大家想啊想啊，想破了脑袋，也只能大眼瞪小眼。

"翔龙，要是海蛇娘老婆婆在这儿就好了。"想不出主意的奇奇忽然想起了无所不知的海蛇娘，要是她在这里可以问她的话，说不定知道能够让睡公主醒来的办法呢。

虽然海蛇娘远在马六甲海峡,没办法去问她,不过这提醒了翔龙。

"对呀,就我们几个在这傻想干吗呀,我们应该去问问其他的海洋居民嘛,说不定有人知道呢。"他看了一眼身边的奇奇、快快和热心帮忙的梭子蟹青青——鲸鲨先生因为有事已经走了。

"对对对,我们都四处去打听打听,说不定会有意外收获。"青青也很赞成这个主意。

说干就干,青青是老住户,对这里特别熟悉,他独自打听去了,快快则带着奇奇和翔龙,来请教海马家族里年纪最年长的长老。

长老在快快爷爷出生的时候就是个寿星了,所以大家都不知道他到底活了多久,家族里的成员都尊敬地称呼他不死长老。

不死长老住在一片景色美丽环境安静的珊瑚林里,奇奇他们来到的时候,不死长老用长尾巴卷在一根红珊瑚树枝上才美美地睡了一觉,刚刚醒来。

"不死长老,请问您在家吗?"快快停在珊瑚林的外面,很有礼貌地问道。

"谁呀,谁找我呀?"不死长老还有些睡眼惺忪,他声音嘶哑地问道。

"是我,海马快快,还有我的朋友翔龙和奇奇。"

"哦——是快快呀,那你们快进来吧。"

得到了不死长老的允许,快快带着两位好朋友游进静谧的珊瑚林。

"这里可真美呀。"奇奇一边游一边打量身边的美景,只见艳如火焰的红珊瑚、散发无尽神秘的蓝珊瑚、黑如礁石的黑珊瑚……不同的珊瑚错落有致地生长着,把珊瑚林变成了一个色彩丰富的万花筒。

"孩子,你来找我有什么要紧的事吗?"快快是海马家族最优秀的青年,不死长老很喜欢他,所以对他非常客气。

在海马家族一直有个不成文的规矩,没有特别要紧的事,小海马们不许来打扰年事已高的不死长老。

"不死长老,您知道有什么办法可以让睡公主重新活过来吗?"快快不想多打扰不死长老,所以开门见山。

"这个嘛,孩子,我也不知道。"不死长老说话很干脆。

虽然这样的结果已经在大家的意料之中,可是快快、奇奇他们还是有些失望。

"也许……"看着孩子们失望的眼神,不死长老睁着已经有些浑浊的眼睛看着前方,似乎在努力回忆什么。

海上丝绸之路大冒险

"不死长老爷爷,也许什么,你快说呀。"急脾气的翔龙似乎看见了一丝希望,他着急地催促道。

"小海龟,很巧合呀,我的一位老朋友,也是你们海龟家族的,他活得比我还久,也许他知道呢。"不死长老看着翔龙笑眯眯地说道。

"那这位海龟爷爷在哪里呀?"奇奇抢着问道。

"哎哟,真不巧,他好像出门旅行去了,我也有段日子没有看见他了呢。"不死长老有些遗憾地说道。

好不容易看见了希望,就这样被无情地浇灭了,三个小伙伴真是泄气。

"那海龟爷爷什么时间回来呀?"快快抱着一丝侥幸问道。

阿拉伯海底的睡公主

"不知道,也许是明天,也许要很久。"不死长老同情地看着他们仨答道。

不死长老年纪太大了,说了这一会儿的话又累了,他不知不觉就沉睡了过去,快快他们不得不离开。

三个小伙伴垂头丧气地走在路上,奇奇扫兴地嘀咕道:"这位海龟老爷爷也真是,什么时候出门旅行不行啊,非得这个时间去。"

俗话说东方不亮西方亮,人多果然力量大,就在奇奇他们无精打采正往回走的时候,迎面爬来了梭子蟹青青。

"好消息,好消息。"离老远他就兴冲冲地挥舞着大钳子嚷嚷道。

"能有什么好消息啊。"翔龙嘟囔了一句——大家还没有从刚才的打击中恢复过来呢,不相信青青的本事比不死长老还大,会带来什么好消息。

可是青青一开口就让他们仨都激动起来。

"各位,我得到了一个天大的好消息——我们这儿忽然来了一位老海龟,自称神龟先生,据他说天下没有他不知道的事呢。"青青正在兴头上,根本没有注意奇奇他们沉闷的表情。

"你说的是真的?真的是一只老海龟?"奇奇兴奋地快速摆着尾巴盯着青青问道。

"是的呀，这有什么问题吗？"青青不知道刚才发生的事，他一脸的困惑，不知道奇奇为什么忽然对老海龟这么感兴趣——他天天和翔龙在一起，翔龙不就是一只小海龟吗，有什么稀奇的。

"难道是不死长老说的海龟爷爷回来了？"翔龙也眨巴着大眼睛一脸的激动。

"奇奇、翔龙，我们快去看看吧，青青，你快带我们去。"快快更是冲过来一刻都不想耽搁了。

"这些人是怎么了，为什么听我说到神龟先生，一个个都这么神经兮兮的啊。"青青一脸迷惑地看着眼前手舞足蹈，似乎发了疯的三位。

等不及向青青多解释，小伙伴们激动地拉扯着他，要他带路，向着所说的神龟先生的住处而来。

自称知道天下事的神龟先生常年四处游历，这次来到阿拉伯海，暂时居住在一片茂盛的海藻区。因为他是一只绿海龟，最喜欢吃的就是各种海藻。

奇奇他们赶到的时候，神龟先生正慵懒地趴在一块平整的礁石上，面前排着好几位海洋居民，有小丑鱼、蝴蝶鱼、神仙鱼，还有一只好像漂浮海草的美丽的叶海龙，他们都是来找神通广大的神龟先生问事的。

奇怪的是排队的每位海洋居民都带着一些鲜嫩的海藻，轮到谁咨询就把海藻放在神龟先生的面前。

阿拉伯海底的睡公主

"他们这是干什么呀？"奇奇不解地问青青。

"还没来得及和你们说呢，跟神龟先生问问题，是需要收费的，只有送给他的东西让他满意了，他才接受咨询呢。"青青敬佩地看着神龟先生，小声给小伙伴们解释。

"那我们的问题需要给神龟先生送什么呀？"快快有些担心地问道，让睡公主复活的问题，可不是一般的小事情。

"不知道，我们先排队，一会儿神龟先生会跟我们提条件的。"青青对神龟先生的规矩很了解，因为他早就打听过了。

前面的几位海洋居民问的都是诸如东西丢了到哪里找的小问题，所以很快就轮到了快快他们。

"小家伙们，你们想问点儿什么？"见面前一下涌来一大群人，而且个个手里空空的，神龟先生耷拉的眼皮只是抬着扫了他们一眼，似乎有些不高兴。

"神龟先生，请问你认识不死长老吗？"快快认定他就是不死长老所说的海龟爷爷，激动地问道。

"不死长老是谁，不认识。"这下神龟先生连眼皮都懒得抬一下了。

听说他不是不死长老说的老朋友，大家都有些失望。

"快快，甭管他是谁，只要知道如何让睡公主复活的办法就行。"青青看大家有些偏离了主题，及时地提醒。

青青的话提醒了小伙伴们，翔龙主动上前问道："神龟先生，请问你知道如何让睡公主重新活过来的办法吗？"他觉得自己和神龟先生是本家，说起来可能方便点儿。

"睡公主是谁？"见翔龙是一只小海龟，神龟先生总算不那么爱搭不理了，抬着眼皮看了翔龙几眼。

翔龙把事情的经过说了一遍，只见原本懒洋洋提不起精神的神龟先生，眼睛里射出一种特别的光芒，那是一种贪婪的眼神。

"神龟先生,你知道怎么让睡公主复活吗?"翔龙一说完,奇奇就追问了一句,然后紧张地盯着神龟先生,等着他回答。

实际上其他的小伙伴们都很紧张,大家屏气凝神地盯着神龟先生,期待听见那最希望听见的话。

"哈哈——笑话,天下还有我神龟先生不知道的事吗,我当然知道。"神龟先生想都没想就大包大揽道。

听说神龟先生知道,大家都兴奋地欢呼起来。

"翔龙,这位神龟先生好厉害呀。"奇奇佩服地说道。

"那是,我们海龟家族藏龙卧虎呢,都不是一般人。"翔龙自豪地一挺胸脯说道。

"神龟先生,那你能告诉我们吗?"翔龙激动地问道。

他问完,小伙伴们都期待地看着神龟先生,等着他回答。

"那不行,"神龟朝着面前其他海洋居民送的礼物一撇嘴,"我不能坏了我的规矩。"

"那我们也送一些海藻吧。"奇奇接话道。

"你们的问题很特别,我需要提高我的收费标准。"神龟先生神情冷漠地说道,一副不能通融的表情。

"那需要我们送点儿什么您才能告诉我们呢？"快快很紧张地问道，生怕神龟先生提出很古怪的要求。

"这个嘛，你们要是给我一块金币，我就告诉你们让睡公主醒来的办法。"神龟先生想了一下不慌不忙地说道。

金币？！

小伙伴们没想到神龟先生会提出这样的条件，他们互相看看，又打量一下神龟先生，眼睛里都是困惑的表情。

要知道在海洋里，金币又不像人类的集市可以买东西，神龟先生要金币干吗？再说他们到哪里去找金币呢？

"神龟先生，你要金币干吗？"奇奇忍不住问道。

"这个你甭管，总之没有金币我就不回答你们的问题。"神龟先生一副不能讨价还价的表情。

就在双方僵持的时候，身后忽然传来一声义正词严的说话声："孩子们，不要听他胡说八道，他就是个大骗子，根本什么都不知道。"

忽然响起的说话声让在场的所有人都吃了一惊，大家惊讶地看向声音传来的方向，只见一个浑身布满美丽花纹的大海龟优雅地划着水，快速朝他们这边游来。细看，大海龟身上的花纹和翔龙的非常相似。

阿拉伯海底的睡公主

"他是谁？"奇奇问老住户快快和青青。

"不知道。"没想到他俩一起很干脆地摇头。

"绿海龟黑头，没想到你又在欺骗小孩子们，真是不害臊。"大海龟一到就怒斥神龟先生。

"嘿嘿——玳瑁老哥，我就是逗大家玩玩，哪有你说得这么严重啊。"显然他俩认识，神龟先生见大海龟揭了自己的老底，一脸不自然地讪笑。

原来来的大海龟是一只特别珍贵的玳瑁，他就是不死长老所说的老朋友。老龟玳瑁在快快和青青出生之前就出门旅行去了，所以他俩都不认识他。玳瑁爷爷和绿海龟黑头也是旧相识，这个家伙天生好吃懒

做,到处骗人就是想不劳而获骗吃骗喝。至于向奇奇他们索要金币嘛,这个是他的爱好,这个家伙曾经在一个私人海洋馆生活过,知道人类最喜欢这种黄澄澄叫金子的东西,是一种身份的象征。

见正直的玳瑁爷爷回来了,绿海龟黑头知道自己骗人的"神龟"面具再也戴不下去了,他灰溜溜地溜走了,准备换个地方再去糊弄无知的小孩子们——反正海洋大着呢,总有不知道他底细的地方。

瓜达尔港

瓜达尔港位于巴基斯坦俾路支省西南部,面向阿拉伯海,是个很不起眼的小海港,但是对于我国来说,却有着非常重要的意义,因为这是中国在阿拉伯海的第一个出海口。瓜达尔港于2002年3月开工兴建,2015年2月,瓜达尔港基本竣工并全面投入运营。港口运行后,中国从波斯湾的石油运输路程将缩短85%。

世界上有多少种海龟？

海龟是大家非常喜欢的海洋动物之一，是龟鳖目海龟科动物的统称，广泛分布于大西洋、太平洋和印度洋等世界各海域。海龟的寿命非常长，据《世界吉尼斯纪录大全》记载，海龟的寿命最长可达152年，是动物中当之无愧的老寿星。

现在海洋里还生存着7种海龟，为棱皮龟、 龟、玳瑁、橄榄绿鳞龟、绿海龟、丽龟和平背海龟，所有的海龟都被列为濒危动物。

海龟的身体构造有些共同的特征，例如头顶有一对前额鳞，四肢如船桨，前肢长于后肢，内侧各有一爪，头、颈和四肢不能缩入甲壳内等。海龟最独特的地方就是龟壳，它可以保护海龟不受侵害，让它们在海底自由游动。除了棱皮龟，所有的海龟都有壳，棱皮龟有一层很厚的油质皮肤在身上，呈现出5条纵棱。

我国海域也有海龟生活，北起山东、南至北部湾近海均有分布，品种为绿海龟、玳瑁、 龟、丽龟和棱皮龟。下面给大家介绍几个有代表性的海龟品种。

绿海龟是世界上现存数量最多的海龟，因其身上的肌肉、脂肪和软骨为绿色而得名。绿海龟头部较小，它的后背甲是深浅不一的深褐色，腹部呈乳白色。成年绿海龟体长一般为80～100厘米，体重70～120千克，分布于全球各地沿海的温暖水域，主要以海藻为食。

玳瑁体形较小，但是它们是最漂亮的一种海龟，体长60~70厘米，体重一般大约为45千克。玳瑁生有一张鹦鹉般的尖钩嘴，尾巴短小，一般不露出甲外。玳瑁背甲呈棕红色，有浅黄色小花纹。主要捕食鱼类、虾、蟹和软体动物，也吃海藻和海绵。

十一、红海探险

"您是不死长老的朋友海龟爷爷吗?"见玳瑁爷爷和翔龙长得非常像,聪明的奇奇已经猜到了几分。

"是的,孩子,我刚回来,就听说了你们的事。我正要过来找你们,没想到又遇到这个不成器的家伙在这儿骗人。"和奇奇说话的时候,玳瑁爷爷一脸的慈祥,不过一提到绿海龟黑头这个海龟家族的败类,玳瑁爷爷又是一脸的气愤。

"老爷爷,为什么我和你长得这么像呀?"翔龙一直在盯着玳瑁爷爷看,因为他觉得自己和玳瑁爷爷真是太像了。

"孩子,因为你也是一只珍贵美丽的玳瑁啊,我俩是真正的本家呢。"玳瑁爷爷笑眯眯地看着翔龙说道。

这是翔龙第一次知道自己的身世。翔龙出生在人类繁育基地,从来没有见过自己的父母,他还以为海龟都是一样的呢,现在才知道,海龟家族也是分许多种的,有棱皮龟、绿海龟、丽龟、玳瑁等,他和玳瑁爷爷属于一个分类。

"爷爷,那您知道如何让睡公主复活的办法吗?"

这是快快最关心的问题,他也赶紧过来问道。

"孩子们,我倒是知道有个办法,你们可以试试,不过到底管不管用我可不敢保证。"玳瑁爷爷做事向来很认真,所以对这件没把握的事显得很谨慎。

不管怎么样,这是小伙伴们第一次听到的好消息,起码让大家看到了希望。

"爷爷,您快说,无论如何我们都要试试。"奇奇抢着说道。

"对,我决不放弃。"快快也很坚定地说道。

"好吧,那我就把这个办法告诉你们。"玳瑁爷爷看大家都很坚定,欣慰地点了点头道,"我小的时候,曾经听爷爷说过,海洋里有一种稀少的大珍珠,可以让逝去的生命复活,也许你们可以去寻找这种大珍珠试试。"

"那去哪里寻找这种大珍珠呀?"梭子蟹青青兴奋地挥舞着一对大钳子问道。

"在一片有着神秘红色的海洋里,名字叫红海,听说那里生活着一种比桌面还大的贝壳,大珍珠就孕育在他们的身体里。"玳瑁爷爷解释道,他也从来没有见过这种大贝壳,所以只能给大家当故事讲。

说到大贝壳,奇奇和翔龙立马想到他俩在南海和砗磲之间的遭遇战,两人悄悄对视了一眼,预感到寻找的前景只怕不是太妙。

"红海呀,不知道在哪里呢?"快快有些迷糊地自言自语道。他们平时活动的范围都不是很大,虽然红海离得并不远,就在阿拉伯海的旁边,中间由亚丁湾相连。

"我知道,我和奇奇可以带路。"翔龙自告奋勇,红海本来就是他们要去的地方,大英雄郑和的船队曾经去过那里。

事不宜迟,小伙伴们感谢了玳瑁爷爷,立刻动身出发。大家还做了一下简单的分工,让梭子蟹青青留下来守卫水晶棺里的睡公主,防止滑头的尖嘴刺鲅搞破坏。

"你们要当心呀,希望你们早点带回好消息。"热心助人的青青给朋友们送上真诚的祝福。

"你放心吧,我们一定会找到唤醒睡公主的大珍珠的。"快快很有信心地和青青告别。

见快快这么自信,奇奇和翔龙又互相看了一眼,他们心里可没有这么把握,不过也不忍心让抱着希望的快快这么早失望。

"我们快点儿动身吧,前边路还远着呢。"翔龙提醒道。

"好的。"快快清脆地答应一声,三个小伙伴由翔

龙带路,朝着红海的方向游去。

他们现在走的路实际就是翔龙和奇奇开始遇到快快时,大家一起游的方向,所以走了一段距离,快快有些诧异地说道:"呀——这条路我走过呢,没想到这就是通向红海的路啊。"

"可不,要不我们怎么会成为朋友呢,这就是缘分啊。"奇奇开玩笑道,说得大家都笑了。

按照地图的标示,在进入红海之前,会先通过一段狭窄的海湾,这就是位于非洲大陆索马里半岛和阿拉伯半岛之间的亚丁湾。

翔龙和奇奇一边游,一边朝海面上四处打量,似乎在寻找什么东西。

"你们在找什么呀?"快快好奇地问道。

"我们在寻找一艘挂着五星红旗的军舰,这是从我和奇奇的家乡来的军舰呢。"说起故乡的军舰,翔龙的语气里充满了自豪。

他俩还记得那天军舰离开的时候,军舰是朝亚丁湾方向驶去的,所以想碰碰运气。

亚丁湾是一段繁忙的海上通道,所以没多久,他们就遇到了一艘满载货物的商船。

"看——大船。"奇奇叫道,虽然不是希望看见的军舰,但是依然很开心。

阿拉伯海底的睡公主

"快瞧——那是什么?"翔龙忽然惊讶地说道,他指的是在商船的背后,忽然幽灵般出现了两条快艇,快艇紧紧跟随,速度非常快,显然是在追赶商船。

"他们肯定和大船上的人认识,想追上去聊聊天呢。"心地善良的奇奇,把他孩子气的想法说了出来。"我看不像。"翔龙虽然不知道快艇上的人想干什么,但绝不是奇奇说的想和大船上的人聊天。

这时两条快艇离得更近了,只见上面的人荷枪实弹,而且个个都蒙着脸,只露出两只窟窿似的眼睛,一看就不是什么好人。

商船上的船员也发现了快艇上的蒙面人,他们有些惊慌的叫喊证实了翔龙的猜测。

"海盗——海盗来啦——"

原来这些家伙是海盗,真正的海盗,他们追赶前面的商船是想劫掠上面的财物呢。

"快跑呀,就要被追上啦。"空气骤然紧张起来,奇奇一个劲为商船加油。可是商船装载了沉重的货物,速度肯定没有快艇快,只见它们之间的距离越来越近。

船舷之上,驾驶舱里的船长拿起呼救设备,立刻发出了求救信号,船员们也紧张地组织起来,准备尽量阻挡海盗们上船,同时等待在附近巡航的军舰救援。

海上丝绸之路大冒险

虽然商船开到最大速度逃跑，可还是被追上了，只见猖狂的海盗们驾驶着快艇不断围着商船绕圈子，寻找容易登船的地方。

"呀——"眼看商船上的人就要遭遇不测，奇奇他们的心都提到了嗓子眼。

就在这紧要关头，远方的海面上忽然传来一阵响亮的汽笛声，紧接着一面迎风招展的红旗映入大家的眼帘。

"军舰——我们的军舰来啦——"奇奇和翔龙兴奋地叫了起来，开心地差点跃出水面，快快在一边也咧着大嘴呵呵傻笑。

阿拉伯海底的睡公主

狡猾的海盗们一看护航的中国军舰来了，他们立刻调转船头抱头鼠窜，朝亚丁湾南岸的索马里半岛方向逃去，那里是大批海盗的老巢。

见得救了，商船上的船员们都纷纷欢呼着朝驶来的军舰挥手致意，军舰回应了两声响亮的汽笛声，然后继续朝着海盗们逃走的方向追去。

"我们的军舰可真厉害。"翔龙自豪得都快要把脖子从背壳里伸脱离了。

"是啊，他们可真威风。"奇奇心里也充满了骄傲。

见奇奇和翔龙都有属于自己故乡的军舰，小海马快快可羡慕了，他可不知道自己属于哪个故乡，也许阿拉伯海底那片小山谷就是他的"故乡"吧。

意外看见的一幕让奇奇和翔龙心满意足，他们继续朝红海方向前进，准备全力帮快快寻找可以唤醒睡公主的大珍珠。

又走了一段距离，翔龙忽然指着前方的海面惊讶地叫道："看——红色的海水。"

果然，在不远的前方，目光所及之处，海水不再像平时见到的那样一片蔚蓝，而是在阳光的照耀下，显现出一片怪异的红色。

"我想我们到红海了吧。"奇奇猜测道，确实，要是红海的水不红，怎么对得起它叫的这个名字呢。

"原来玳瑁爷爷说的可以唤醒睡公主的大珍珠就产在这里呀。"面对前方一片红色的海洋,快快惊叹道。

原本翔龙和奇奇到红海,是想游览大英雄郑和船队到过的几个地方的,不过现在他俩决定先帮助快快完成心愿,他们的旅行计划等等再说吧。

进入红海,他们看什么都好奇,东张西望的,不知该去哪里寻找玳瑁爷爷说的大珍珠。

"要不我们还是找个当地居民问问情况吧。"奇奇建议道,这是他和翔龙每到一个新地方惯用的办法,每次都很管用。

翔龙也正这么想,于是他们三个停在原地四处张望,想找个问路的。

没过多久就来了一位红海居民,只见他身体的颜色特别明艳美丽——身体竟然是神秘梦幻的蓝色,而梯形的尾巴是黄色的,对比非常鲜明。

"他身上的颜色可真好看。"快快由衷地赞叹道。

奇奇也觉得迎面游来的鱼儿特别美,他好奇地游上前去问道:"朋友,请问你叫什么呀?你身体的颜色可真美。"

见有人称赞自己美,蓝色的鱼儿非常高兴——谁不喜欢别人夸赞自己呢。

阿拉伯海底的睡公主

"我是红海紫吊鱼,因为我们的尾巴是黄色的,大家也叫我们黄尾吊帆。"紫吊鱼一边说,一边上下打量奇奇,见是一条从没有见过的小怪鱼,眼里不由得露出一丝惊异的表情。他又看了看奇奇身后的翔龙和快快,他俩也一起友善地和他打招呼。

"各位,我在这儿从来没有见过你们,你们是从外地来的吧?"紫吊鱼好奇地问道。

"是的。"奇奇答道,他简单地介绍了一下自己和翔龙的身份,以及到阿拉伯海后遇到海马快快发生的事。

"天啦,你们的经历真丰富多彩,真让人羡慕。"立刻紫吊鱼就对他们热情起来。

"你们到这儿来是有什么事吧?"紫吊鱼很聪明,一下子就猜到了奇奇他们的目的。

"是的,我们想跟你打听一下,你知道这儿有一种产大珍珠的大贝壳吗?"快快抢着接话道。

"不知道,我从来没有见过,也没有听说过。"紫吊鱼认真地想了一下回答道。

对于紫吊鱼的回答,奇奇、翔龙他们已经早有心理准备,要是大珍珠这么容易就找到了,也就不珍贵了。

看奇奇他们有些失望,紫吊鱼安慰道:"你们可以问问其他人,也许在很久之前有也说不定呢。"

对于紫吊鱼的好意，小伙伴们很感谢，他们告别了紫吊鱼，继续朝红海深处游。

游了没多久，来到一片海底礁石海草区，领头的翔龙正在左右望路，忽然一个色彩斑斓的椭圆形物体朝他冲了过来，速度快得如同一发炮弹。

"翔龙，当心！"在后面的奇奇看得很真切，他赶紧提醒伙伴。

翔龙眼角的余光当然也扫见了，他赶紧拼命朝一边侧身，才躲过了射过来的"彩色炮弹"，好险呀，差一点儿就被"彩色炮弹"击中了脑袋。

"谁呀，谁敢袭击我？"被意外惊吓到的翔龙有些恼羞成怒，他还没看清楚袭击他的到底是谁，就怒冲冲地质问道。

"这里是我的地盘，你们快点儿给我离开这儿，我不喜欢外人来打搅。"一个很不友好的声音在翔龙耳边响起，正是那个"彩色炮弹"说的。

这时大家才有时间看清楚"彩色炮弹"的真容，只见他个头大约和一根大黄瓜差不多，体型是椭圆形的，脑袋特别大，大得和身体都有些不成比例，身上布满了各种色彩和不规则形状的图案，看起来好像在身上画了一副现代风格的抽象画。

"你是谁？"见朋友被欺负了，算是半个主人的快

阿拉伯海底的睡公主

快不乐意了,虽然以他的个头根本不是"彩色炮弹"的对手,他还是勇敢地冲了上去。

"哼——我是谁?我是这个地方的主人,大名鼎鼎的炮弹鱼。你们快点儿给我离开,免得我发火。""彩色炮弹"轻蔑地看了一眼个头矮小的快快,一脸的不耐烦。

听了对方的名号,奇奇和翔龙都差点儿乐了起来——难怪他叫炮弹鱼呢,他椭圆的身子高速地发动攻击的时候,真像一发离膛炮弹般有气势呢。

炮弹鱼

盐度最高的海——红海

红海位于非洲东北部与阿拉伯半岛之间,呈现狭长型,长约 2 250 千米,最宽处 355 千米,平均深度 490 米,最深处 2 211 米。其西北面通过苏伊士运河与地中海相连,南面通过曼德海峡与亚丁湾相连。由于红海相对封闭,再加上地处炎热干旱地区,日均蒸发量非常高,所以是世界上盐度最高的海。

红海炮弹鱼为什么叫毕加索扳机鱼?

炮弹鱼是海洋里一种非常好玩有趣的观赏鱼,它们的外形很像一发炮弹——身体呈椭圆形,头大,眼睛几乎长在身体的中部,使它的头部差不多占到全身的一半。在炮弹鱼的背部,有一条长长的脊骨,隆起与脊背成直角,很像枪上的扳机,因此又叫它们扳机鱼。

阿拉伯海底的睡公主

炮弹鱼属皮剥科鱼类,一般体长30~60厘米。炮弹鱼有一副坚硬的牙齿,很多鱼类都怕它,不过它最喜欢吃的是海胆。炮弹鱼吃海胆很有意思,为了对付海胆长而尖利的棘刺,炮弹鱼会先猛吸一口水,用力向海胆喷去,使海胆失去平衡翻转过来,然后攻击海胆没有棘刺保护的口部。如果这一招失灵,聪明的炮弹鱼就会咬住海胆身上的一根长刺,把海胆从海底拉上水面,然后放掉。当海胆下沉时,炮弹鱼早已在下方等候,它一口就咬中海胆的口部,然后美美地饱餐一顿。

炮弹鱼的种类很多,有魔鬼炮弹鱼、小丑炮弹鱼等,生活在红海的炮弹鱼就是其中的一种。为什么生活在红海的炮弹鱼会被称为毕加索扳机鱼呢?

我们知道毕加索是一位世界著名的大画家,他的抽象派绘画让许多人大呼看不懂,可是又为之着迷。如果你看到红海炮弹鱼的话,你立刻就会明白大家称它们为毕加索扳机鱼的原因了——在它们的身上,布满着大块的现代派风格的绘画图案,就如同一幅流动的毕加索画作一样。

十二、让我永远陪伴你

"朋友,我们只是为了寻找可以让睡公主复活的大珍珠从这儿路过,又没有打扰你,干吗这么凶啊?"

翔龙怕身材娇小的快快受到伤害,赶紧又挡在他的前面,和对方论理。

听了翔龙的话,本来一脸凶相的炮弹鱼立刻改变了态度,只见他眨巴着大眼睛好奇地问道:"什么睡公主大珍珠啊,这到底是怎么回事呀?"

见炮弹鱼的态度忽然来了一个一百八十度的大转弯,连准备和他进行一番争斗的翔龙都有些不适应了,看来好奇心人人都会有呀。

翔龙和他简略讲述了一番,炮弹鱼一脸听故事的表情,听得津津有味。

"你们的经历可真有趣,真让人羡慕。"炮弹鱼和紫吊鱼一个反应,瞬间就对翔龙和奇奇他们另眼相看了。

看着炮弹鱼一脸向往的表情,奇奇心想,就你这凶巴巴的样儿,估计平时连个朋友都没有,日子过得不单调乏味才怪呢。

阿拉伯海底的睡公主

"你们需要帮手吗？要不我帮着你们一起寻找大珍珠吧，这地方我熟。"炮弹鱼自我推荐，看来他平常的日子过得一定很乏味。

翔龙他们当然愿意啦，这真是不打不相识，没想到一场争吵还找到了一个向导，真是运气好。

就在他们说话的时候，耳边忽然响起一声尖利的叫声——鲨鱼来啦，大家快躲起来呀。叫声是一个没有出现的礁石居民发出的，显然他发现了鲨鱼，所以给同住在礁石区的邻居们报警。

在红海，有非常多的鲨鱼，可能活动范围不是很大的原因，这些家伙比其他海域的同伴脾气更为暴躁，也更加凶残，不仅捕食各种海洋生物，还经常袭击人类，是臭名昭著的红海杀手。

"朋友们，快跟我躲起来。"这儿是炮弹鱼的地盘，他熟悉地形，所以立刻招呼奇奇他们跟在他身后，找了一个很隐蔽的礁石洞穴躲了进去。

奇奇他们都安静地趴在光线暗淡的洞穴里，尽量不发出任何声音，免得惊动了感觉敏锐的红海顶级杀手。炮弹鱼的行为很奇怪，他并没有像奇奇他们一样，也静卧在洞穴底部，而是把背鳍竖了起来，如同一根钉子，找了一个缝隙扎了进去，牢牢地把自己固定在了坚硬的礁石上。

海上丝绸之路大冒险

翔龙看着很奇怪，正想开口问炮弹鱼，只见奇奇冲他"嘘"了一声，让他保持安静，翔龙赶紧重新卧好，紧接着只见一大片长条形的阴影从礁石前划过，那是一条正在四处寻找猎物的红海鲨鱼。鲨鱼在洞外盘旋了好一会儿才离开，等警报解除，翔龙舒了一口气——好险呀，要不是奇奇及时提醒，他们很可能就被感觉异常敏锐的鲨鱼发现了。这个时候他才有空问炮弹鱼刚才奇怪的举动，这会儿炮弹鱼还在礁石缝隙里戳着呢。

"你干吗把自己的背鳍插在缝隙里呀？"翔龙问道，看起来炮弹鱼就像把自己挂在了礁石上一样，感觉十分怪异。

奇奇、快快这时也看见了炮弹鱼这个好玩的行为，他俩一起围了过来，围着上下左右打量。

"这是我们炮弹鱼遇到危险时的一个独特对策呢，当我们把背鳍张开，把背鳍上的第一根坚硬的棘刺插入礁石缝隙，这样捕食我们的家伙就不容易发现和吞掉我们了。"炮弹鱼一边解释，一边熟练地一扭动，把自己从礁石缝隙里拔了出来。从他熟练的动作来看，显然炮弹鱼是经常这么躲避危险的。

"你们这招可真特别。"连自认为见多识广的翔龙，都对炮弹鱼们的独特避险措施佩服得五体投地。

危险解除，炮弹鱼履行自己的诺言，给翔龙他们当向导，一起去寻找传说中的可以起死回生的红海大珍珠。现在他觉得这几位外来的朋友可真有意思，不再像刚开始时那么不友好了。

"你见过这种大珍珠吗？"快快有些惴惴不安地问炮弹鱼。

"没见过，不过红海这么大，说不定隐藏在什么地方呢，我们仔细找找吧。"炮弹鱼现在对快快他们的事情很上心，几乎当成了自己的事。

有熟悉环境的炮弹鱼带路，寻找方便了许多，但是他们仔细搜寻了许多隐秘的角落后，依然没有发现和大珍珠有关的任何线索。

"玳瑁爷爷会不会记错地方了？也许大珍珠并不在红海里呢。"海马快快的体型最小，这么长时间的搜寻把他累得够呛，不禁怀疑起玳瑁爷爷的话来。

"不可能，玳瑁爷爷是不会欺骗我们的。"见快快连玳瑁爷爷都开始怀疑了，翔龙有些不高兴，要知道玳瑁爷爷可是他第一个遇到的本家爷爷，差不多是除了饲养员之外，另一个最亲的人了。

"嘿嘿……我就是随便说说而已。"见无意中冒犯了好朋友，快快憨笑着道歉。

就在他们无聊地打嘴仗的时候，奇奇忽然惊讶地看着前方道："奇怪，那些红色的鱼儿在干什么呀，做游戏吗？"

奇奇说的是前方不远处一座沙丘上发生的事，只见一大群颜色红艳的鱼儿，大约有50多条，正一起齐心合力地在一条体型明显大一些的红鱼后面追赶，好像是在玩追逐游戏，又像是要把他赶走。

"他们是谁？"翔龙判断这些红鱼都是一个种类的，似乎是一大群在欺负前边那个体型最大的。

"我也不认识。"炮弹鱼虽然是红海的老居民，但这里海洋居民种类繁多，许多他也不了解。

终于，前面那个大个红鱼寡不敌众，被后边的一大群红鱼赶走了，只见他溜得特别快，连头都没敢回。

赶走了大个红鱼，红鱼群回到沙丘，只见他们团团围在一起，一起看着地面，这时奇奇他们才注意到，原来沙地上还躺着一条红鱼。

"我们过去看看吧。"奇奇提议道，这个事情真是太奇怪了，不搞清楚他心里像有许多猫爪在挠心似的。

靠近了奇奇他们才看清，地上的红鱼体型比逃走的大个红鱼要小一点儿，他似乎是受了重伤，已经奄奄一息了。

"你们好，请问发生了什么事，你们干吗要追赶那条红鱼呀？"为了不激怒对方，奇奇尽量表现得有礼貌。

红鱼群好像排练好的，他们唰啦一下一起转身，动作整齐划一。见是几个外来的，刚才还很凶悍的红鱼们对奇奇他们倒很客气，并没有上来驱逐他们。

"刚才那个坏蛋打伤了我们的丈夫，还想拥有我们，我们不同意，就一起把他赶走了。"一条体型比较娇小的红鱼很友好地回答道。

原来这些红鱼都是躺在地上那条快要死的红鱼的妻子，这真是太让人惊讶了。

"那他为什么要打伤你们的丈夫呀？"这下连满脑子都是大珍珠的快快，都忍不住好奇起来。

"为了争地盘，为了争抢我们。"娇小的红鱼说话很干脆。

"那你们的丈夫死了，谁来保护你们呀？"快快追问，说完又不安地看了一眼躺在地上的红鱼——她们的丈夫——这会儿他已经开始翻白眼了，离死亡近在咫尺。

"嘻嘻——"娇小红鱼有些神秘地一阵娇笑,"这个你们不用担心,过不了几天我们又会有新丈夫了。"

"是刚才那个被你们赶走的红鱼吗?"翔龙一脸困惑——既然要人家当丈夫,干吗又把他赶走呀。

"嘻嘻——当然不是,是我们姐妹中间的一位。"娇小红鱼的话差点让翔龙他们惊掉了下巴。

"你……你们,女的会变成男的?"翔龙简直有点不相信自己的耳朵。

"没错,这是我们红海红鲷鱼的特殊习性,如果我们的丈夫意外死亡,我们中间身体最强壮的那位姐妹

就会在几天内变成雄性,成为我们新的丈夫。"娇小红鱼说起这个就好像在说一件最平常不过的事情。

天啦,这简直太匪夷所思了,奇奇他们一起惊讶地张大了嘴巴,都不知道该说什么了,这实在比雄海马抚育宝宝还让人吃惊。

告别了古怪的让人无法理解的红鲷鱼们,震惊的小伙伴们几乎都忘记了还没有找到大珍珠的烦恼,一路上都在你一嘴我一舌地议论这件天下奇闻。

"天啦,这让人太不好意思了。"炮弹鱼是个真正的男子汉,他觉得性别都可以随意改变,简直太丢脸了。

"嘻嘻——这是我一路上看见的最搞笑的事情了。"奇奇自从离开红鲷鱼们就一直在傻笑,想起来又嘿嘿偷乐一阵。

这件奇闻让小伙伴们接下来寻找大珍珠的过程没有那么沉闷,在热心炮弹鱼的带领下,他们几乎找遍了整个红海,问遍了遇到的每位红海居民,可是谁都不知道可以起死回生的大珍珠在哪儿。

"奇奇、翔龙,我们不会找不到了吧?"快快非常失望,想到美丽的睡公主,他眼泪汪汪的,快要伤心地哭了。

"快快,不要难过,你已经尽力了。"奇奇不知道能说什么,只能这么安慰朋友。

"是的,如果睡公主能够感知的话,她一定会非常感激你为她所做的一切。"翔龙也尽量宽慰快快悲伤的心。

"真的吗?你们真的这么认为?"快快眼角含着泪花,一脸悲伤地看着朋友们。

奇奇、翔龙和炮弹鱼一起郑重地点头,他们真的这么认为。

一丝浅浅的笑容爬上了快快的嘴角,虽然眼角还挂着晶莹的泪珠,但那同样是幸福的眼泪。

世上当然没有起死回生的灵丹妙药,关于大珍珠的传说,也许只是善良的玳瑁爷爷给他们撒的一个善意的谎言罢了。

快快决定结束寻找大珍珠的行程,他想早点儿回到小山谷,去陪伴睡公主——这还是他第一次离开睡公主这么长时间呢。

"谢谢你朋友。"临行前他认真地和炮弹鱼说感谢。

"嘿嘿——这没什么,都是我应该做的嘛。"炮弹鱼很不好意思,一想起开始他很不友好地袭击翔龙的事,脸上就忍不住一阵阵发烧。

"欢迎你们再来红海做客。"看着渐渐远去的奇奇他们的身影,炮弹鱼一直依依不舍地目送着他们。

阿拉伯海底的睡公主

"我们还会再来的。"翔龙大声地回应道——他和奇奇还没有游览大英雄郑和在红海的停靠地呢。

等他们回到小山谷,梭子蟹青青正焦急地不断朝山谷外张望,看见他们回来了,青青充满期待地迎了上来问道:"怎么样,找到大珍珠了吗?"

"没有。"奇奇代表大家摇了摇头回答道。

沉默的快快游到了水晶棺的旁边,他默默地看着睡在里面的公主,忧伤的表情重新爬上了他的脸庞。

"刺鲅鱼们有没有再来捣乱?"翔龙想起这件更重要的事,他一脸严肃地问负责守卫的青青。

"嘻嘻——没有,这儿很安静,我都要陪着睡公主一起睡着了。"青青一脸轻松地回答。

听说刺鲅鱼们没敢再来,奇奇和翔龙互相对视了一眼,这下他们可以放心了,看来鲸鲨先生的威名,就是不讲信用的刺鲅们也不敢违逆啊。

"快快,以后你有什么打算呀?"奇奇游到一直沉默的快快身边问他。因为睡公主的事,已经耽搁了许多行程,他和翔龙需要再次上路了。

"我不知道,不过我会永远陪在睡公主的身边。"快快一脸坚定地回答。

快快在刚才已经下定了决心,他要永远在这里陪

着美丽的睡公主,这样她一个人在冷冰冰的海底,就不会感到孤单寂寞了。

"太让人感动了。"梭子蟹青青被感动得直流眼泪,奇奇和翔龙也被好朋友对睡公主的情谊深深触动。

接下来的几天,快快在海里找来了许多美丽的东西,装饰在睡公主的水晶棺旁边,有娇艳的珊瑚,有怒放的石花……把整个小山谷点缀得花团锦簇,美丽的睡公主就像睡在一座海底花园中一样。

翔龙和奇奇一直帮着快快忙碌着,直到好朋友的心情明显好多了,他们才重新启程,沿着大英雄郑和的脚步继续他俩的未竟之旅。

亚丁湾

亚丁湾是位于阿拉伯半岛和非洲索马里半岛之间的一座海湾，北边是也门，南边是索马里。亚丁湾是由地层断裂形成的，属于东非大裂谷的一部分。它通过曼德海峡与北方的红海相连，以也门的海港亚丁为名。亚丁湾是船只快捷往来地中海和印度洋的必经站，又是波斯湾石油输往欧洲和北美洲的重要水路。由于该地区海盗猖獗，所以亚丁湾又叫"海盗巷"。

有趣的庆新年灯谜

由于路途遥远，每次下西洋郑和的船队都需要在海上漂流很久，甚至好几年。离家久了，船员们都很想家，尤其是恰逢新春佳节的时候，船员们更加思念万里之遥的家乡。据说有一次郑和的船队正在炎热的非

海上丝绸之路大冒险

洲海岸航行，恰好中华民族的新年——春节来临了。由于气候炎热，再加上思念家乡和亲人，大家的情绪都很低落。郑和看在眼里，他决定举行一场迎新春猜灯谜游戏，如果猜中了，就会有丰厚的奖励，这下船员们都来了精神。为了让气氛更热闹，郑和亲自出了一条谜语，并下令，如果谁猜出，就让他官升一级，这下大家更起劲了。

郑和的灯谜是：两只蟋蟀对鸣（打一句古诗词）。

灯谜一出，大家都冥思苦想，因为都想新年升官呀，这多喜庆呀。终于一个读过几年书的船员猜中了谜题，当即获得了郑和的提升。那么你可以猜出谜题吗？

谜题答案：唧唧复唧唧，从蟋蟀的叫声和"两只"的提示就可以猜出谜底。这是著名的汉乐府诗《木兰辞》中的首句，下一句为木兰当户织，描写的是女英雄花木兰替父从军的故事。